Manual de Operación y Mantenimiento de Subestaciones Eléctricas

Parte 1

Querido lector,

Es con gran entusiasmo y compromiso que te presento este libro, "Manual de Mantenimiento a Subestaciones Eléctricas". Desde el momento en que decidí embarcarme en esta empresa, mi objetivo ha sido proporcionarte una guía práctica y completa que te acompañé en el apasionante mundo del mantenimiento eléctrico.

Las subestaciones eléctricas son componentes esenciales de nuestros sistemas de suministro de energía. Son el punto de conexión crucial entre la generación de energía y su distribución a hogares, industrias y comunidades. Sin embargo, el mantenimiento adecuado de estas instalaciones a menudo se pasa por alto o se subestima, a pesar de su importancia crítica para asegurar un suministro eléctrico confiable y seguro.

Este libro tiene como objetivo llenar ese vacío proporcionando una sólida base de conocimientos y las herramientas necesarias para realizar el mantenimiento efectivo de subestaciones eléctricas. Ya sea que seas un Ingeniero Eléctrico experimentado, un Técnico en mantenimiento o un estudiante de Ingeniería deseoso de adquirir conocimientos prácticos, encontrarás en estas páginas valiosas lecciones que te ayudarán a mantener y optimizar subestaciones eléctricas.

A lo largo de las páginas de este libro, exploraremos los fundamentos del mantenimiento eléctrico, desde los conceptos básicos hasta las técnicas más avanzadas. Te guiaré a través de las mejores prácticas, proporcionándote instrucciones claras y detalladas para llevar a cabo inspecciones, pruebas y diagnósticos de manera segura y eficiente.

Además, examinaremos las últimas tendencias y avances tecnológicos en el campo del mantenimiento eléctrico. Aprenderemos cómo estas tecnologías pueden transformar la forma en que mantenemos las subestaciones eléctricas, mejorando la confiabilidad operativa y reduciendo los tiempos de inactividad no planificados.

Es mi firme convicción que el conocimiento compartido tiene el poder de impulsar la excelencia y la innovación. Por eso, he recopilado toda mi experiencia y los mejores conocimientos disponibles para presentártelos en este libro. Sin embargo, debo recordarte que el campo del mantenimiento eléctrico está en constante evolución. Por lo tanto, te animo a seguir aprendiendo y actualizándote a medida que nuevas tecnologías y enfoques se desarrollen en el futuro.

Finalmente, me gustaría agradecerte por elegir este libro como tu compañero en tu viaje hacia el dominio del mantenimiento de subestaciones eléctricas. Espero sinceramente que encuentres en estas páginas la información y la inspiración que necesitas para enfrentar los desafíos del mantenimiento eléctrico con confianza y éxito.

¡Adelante, sumérgete en el fascinante mundo del mantenimiento a subestaciones eléctricas y comienza a escribir tu propia historia de excelencia eléctrica!

Con gratitud y dedicación,

Luis Felipe Martínez Cerda
Ingeniero Electricista
Instructor en Operación y Mantenimiento de Subestaciones Eléctricas
P.D. Adquiere los 3 libros este manual de operación y mantenimiento de subestaciones eléctricas, encontraras años de experiencia e información más que valiosa para tu formación.
Espero tus comentarios en el correo lfmc70@hotmail.com

Un transformador se define como
una máquina eléctrica que
transforma la corriente y el voltaje
de un nivel a otro, ya sea elevando
el voltaje y reduciendo la corriente o
viceversa.

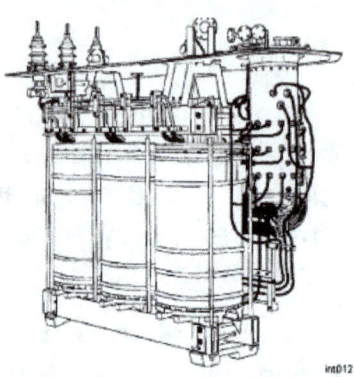

int012

1.1 Definición de Transformador.

Se aplica la ley de ohm que dice:

A mayor voltaje, menor corriente y viceversa. Esta transformación la
realiza sin afectar otros valores eléctricos como la potencia aparente
(KVA), potencia real (KW) y la potencia reactiva (KVAr). Así como
también no afecta la frecuencia eléctrica, sea 50 o 60 Hz o ciclos por
segundo (cps).

Triangulo de Ohm

La intensidad de la corriente en un circuito es
directamente proporcional a la tensión aplicada e
inversamente proporcional a la resistencia

La expresión matemática del anterior enunciado es : $I = \dfrac{V}{R}$

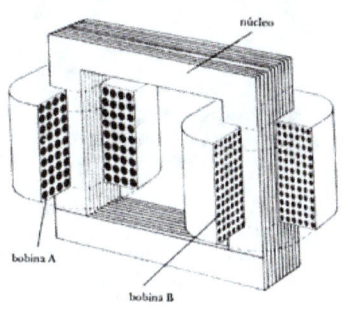

Fig. 3.3.1 Conjunto Núcleo Bobinas
Monofásicas, representación abierta

Fig. 3.3.2 Conjunto Núcleo Bobinas Monofásicas,
representación física de una Parte Viva o Parte Activa

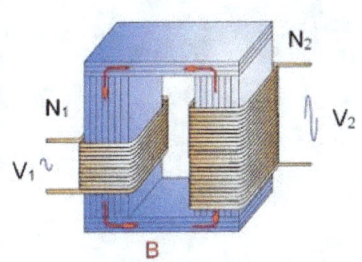

Un transformador eléctrico cuenta con un devanado primario y un devanado secundario, normalmente el devanado primario se le identifica con la letra H y al devanado secundario se le identifica con la letra X, existen transformadores con devanado terciario (Y) y rara vez se encuentran transformadores con devanado cuaternario (Z), el procedimiento es que al inyectar un voltaje y una corriente en el devanado primario estos generan un campo electromagnético en el arrollamiento, el cual en forma de "nube" magnética viaja a través del núcleo de acero al silicio del transformador depositándose en el devanado secundario (X).

Ver videos en you tube:

https://www.youtube.com/watch?v=ba2foZSDKJk

https://www.youtube.com/watch?v=GAxorxD1V2Q&t=90s

Un autotransformador es una máquina eléctrica de construcción y características similares a las de un transformador, pero que, a diferencia de este, solo posee un devanado único alrededor de un núcleo ferromagnético.

Su devanado se divide en 2 para dar paso a la transformación de la corriente y el voltaje.

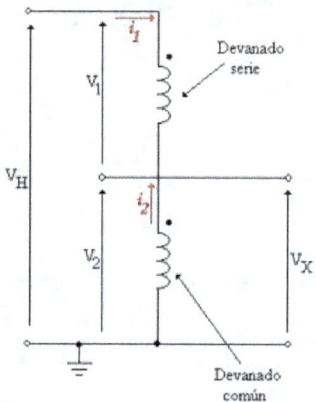

1.5 Autotransformadores

Aplicaciones

Los autotransformadores se utilizan a menudo en sistemas eléctricos de potencia, para interconectar circuitos que funcionan a tensiones diferentes, pero en una relación cercana a 2:1 (por ejemplo, 400 kV / 230 kV o 138 kV / 66 kV).

En la industria, se utilizan para conectar máquinas fabricadas para tensiones nominales diferentes a la de la fuente de alimentación (por ejemplo, motores de 480 V conectados a una alimentación de 600 V). Se utilizan también para conectar aparatos, electrodomésticos y cargas menores en cualquiera de las dos alimentaciones más comunes a nivel mundial (100-130 V a 200-250 V).

En sistemas de distribución rural, donde las distancias son largas, se pueden utilizar autotransformadores especiales con relaciones alrededor de 1:1, aprovechando la multiplicidad de tomas para variar la tensión de alimentación y así compensar las apreciables caídas de tensión en los extremos de la línea.

Limitaciones

Una falla en el aislamiento de los devanados de un autotransformador puede derivar en que la carga quede expuesta a recibir plena tensión (la de la fuente). Se debe tener en cuenta esta situación al decidir utilizar un autotransformador para una determinada aplicación. Otra limitante, es la elevada corriente de cortocircuito.

En sistemas de transmisión de energía eléctrica, los autotransformadores tienen la desventaja de no filtrar el contenido armónico de las corrientes y de actuar como otra fuente de corrientes de falla a tierra. Sin embargo, existe una conexión especial -llamada "conexión en zig-zag"- que se emplea en sistemas trifásicos para abrir un camino de retorno a la corriente de tierra que de otra manera no sería posible lograr, manteniendo la referencia de tierra

1.5 Autotransformadores

AUTOTRANSFORMADOR
PROLEC
400 KV A 230 KV

Fig. 3.4.1 Transformador en
aceite con tanque conservador

1.5 Medios aislantes y refrigerantes:

Tipos de aislamiento (papel, aceite, etc.)

Son usados en transformadores en general comprenden sistemas líquidos y gaseosos. En ambos casos se usa también algo de aislamiento sólido, los sistemas líquidos incluyen aceite, que es el más usado, en los años 60 y 70 se utilizaban aceites de Compuestos Clorados (BPC's), la marca más conocida en ese entonces era Askarel, este tipo de fluido aislante hoy día están prohibidos por la ley ambiental en el mundo, los sistemas gaseosos incluyen nitrógeno, aire seco y gases fluorados (por ejemplo: hexafluoruro de azufre SF6).

Fig. 3.4.1 Transformador en aceite con tanque conservador

1.6 Transformadores Inmersos en el aceite:

Debido a que son de menor costo y de elevada rigidez dieléctrica, este tipo de transformadores son los que mayor demanda tienen en el mercado. El aceite se refuerza con aislamientos sólidos de varias maneras, el aislamiento principal, generalmente presenta barreras de aislamiento solido alternando con espacios de aceite. Los materiales usados frecuentemente, incluyen papel impregnado con aceite, con resinas, el cartón prensado, el algodón, la madera tratada con aceite al vacío y los esmaltes

1.6 Transformadores Inmersos en el aceite:

Material Aislante Secundario

- Función: Aislar potenciales, reducir calentamiento, mantener alejada la humedad.
- Material: Aceite mineral, silicona, aire, nitrógeno, SF6

1.7 Tipos de aceite aislante:

Actualmente existen diferentes tipos de aceite aislante, hago mención de algunos de ellos:

ACEITE MINERAL INHIBIDO
ACEITE MINERAL NO INHIBIDO
ACEITE VEGETAL FR3
ACEITE SINTETICO R-TEMP

ACEITE MINERAL INHIBIDO:

Transformadores BD

El Aceite Aislante Mineral Inhibido (tipo 2) base nafténica proporciona estabilidad a la oxidación, brinda una gran capacidad de disipación del calor y posee excelentes características físicas, químicas y dieléctricas.
Prolonga la vida útil del aceite en el equipo debido a su mínima formación de ácidos y lodos durante el servicio

ACEITE VEGETAL FR3 (ENVIROTEMP):

Envirotemp FR3 está formulado a partir de aceites vegetales y aditivos de clase comestible. No contiene petróleo, halógenos, silicones u otro material contaminante para el medioambiente. Se degrada rápidamente en el suelo y en ambientes acuáticos. Envirotemp FR3 es compatible con materiales de aislamiento, con componentes estándar de los transformadores y con equipos y procedimientos de procesamiento de Aceites.

Fig. 3.5.1.1 Aceite Vegetal FR3 soluble en el agua y tierra.

ACEITE SINTETICO (R-TEMP):

Este tipo de aceite es un derivado del petróleo, contiene inhibidores, por lo cual ayuda a evitar la oxidación en caso de que contenga humedad y es retardarte de flama, por lo cual se considera especial para lugares de concentración pública.

3.6 Parámetros Físico Químicos de Aceites de transformadores, según IEEE-C57.106

Característica y/o Prueba	Método de Prueba		Unidad	Límites de Aceptación		
	NMX-J-123	ASTM		Aceite Nuevo NMX-J-123	Aceite en Servicio	
					IEEE C57.106	NMX-J-308
Apariencia Visual	Inciso 6.1	D-1524	------	Brillante, transparente, sin sedimentos, ni sólidos en suspensión	------	------
Color	Inciso 6.2	D-1500	------	0,5 máximo		
Tensión Interfacial	Inciso 6.6	D-2285	mN/m	40 mínimo	24 mínimo	19 mínimo
Contenido de Agua	Inciso 6.13	D-1533	mg/kg	35 máximo	35 máximo	30 máximo
Número de Neutralización	Inciso 6.16	D-974	mg KOH/g	0,03 máximo	0,2 máximo	0,2 máximo
Factor de Potencia a 25°C	Inciso 6.18	D-924	%	0,05 máximo	------	1,0 máximo
Factor de Potencia a 100°C				0,30 máximo	------	5,0 máximo
Rigidez Dieléctrica	Inciso 6.19	D-877	kV	30 mínimo	26 mínimo	25 mínimo

* Los valores presentados en esta tabla son de referencia; por lo que cada caso, se debe hacer un estudio particular.

ACIDEZ	TENSION INTERFACIAL	ESTADO DEL ACEITE
0.01-0.1	30-45	Muy bueno
0.11-0.15	24-29	Aceptable
0.16-0.40	18-23	Malo

1.8 Tipos de Enfriamiento (ONAN,ONAF,FOA)

De acuerdo al tipo de enfriamiento, existen sumergidos en aceite o tipo secos:

➢ *Enfriados en Aceite:*
- ✓ Tipo OA
- ✓ Tipo OA/FA
- ✓ Tipo OA/FA/FOA
- ✓ Tipo FOA
- ✓ Tipo OW
- ✓ Tipo FOW

➢ *En Tipos secos existen los tipos*:

- ✓ AA
- ✓ AFA
- ✓ AA/FA

Descripción breve del significado de cada uno de los tipos de enfriamiento:

➢ **Enfriados en Aceite:**

✓ **Tipo OA :**

Enfriamiento del aceite por convección natural, el cual pasa a través de los radiadores o tubos externos al tanque, circulación natural del aceite para su enfriamiento.

Fig. 3.8.1 Transformador en aceite enfriado sin ventiladores tipo OA

✓ *Tipo OA/FA:*

Enfriamiento por convección natural con adición de ventilación de aire forzado (FA), el cual esta diseñado para obtener hasta un 12% de capacidad adicional por cada paso de FA adicional por periodos cortos de tiempo.

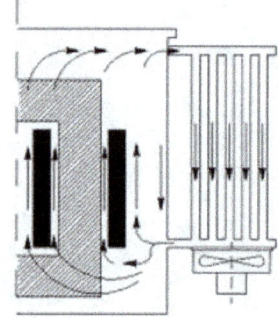

Fig. 3.8.1 Transformador en aceite enfriado con ventiladores OA/FA

✓ *Tipo OA/FA/FOA:*

Uso combinado de Enfriamiento por aire natural, aire Forzado y con uso de bombas de aceite, lo cual permite incrementar la capacidad del transformador en dos pasos adicionales, es decir, de acuerdo a su configuración o diseño se puede incrementar la capacidad en un 12% (FA), un 33% (FOA).

Fig. 3.8.1 Transformador en Aceite Enfriamiento Forzado por Bomba y Ventiladores FOA

✓ Tipo FOA:

Uso combinado de
ventiladores y bombas de
aceite, su diseño es para uso
continuo, su capacidad
dependerá del diseño del
Fabricante, normalmente este
diseño es utilizado en
Transformadores de gran
Capacidad.

Fig. 3.8.1 Transformador en Aceite Enfriamiento
Forzado por Bomba y Ventiladores FOA

✓ Tipo FOW :

Este tipo de enfriamiento es
prácticamente igual que el
FOA, solo que el
enfriamiento se realiza por
medio de cambiadores de
calor, pero sin ventiladores.

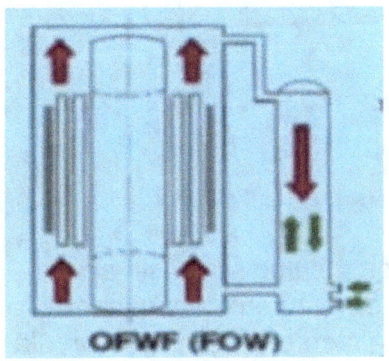

Fig. 3.10.1 Sistema de Enfriamiento
Forzado por cambiadores de calor

➤ Enfriados en Cambiadores de Calor:

✓ **Tipo OW:** Enfriamiento del aceite por medio de cambiadores de calor
enfriados por agua, con sistema independiente de bombeo de aceite y de
agua.

Oil Forced Water Forced Cooling

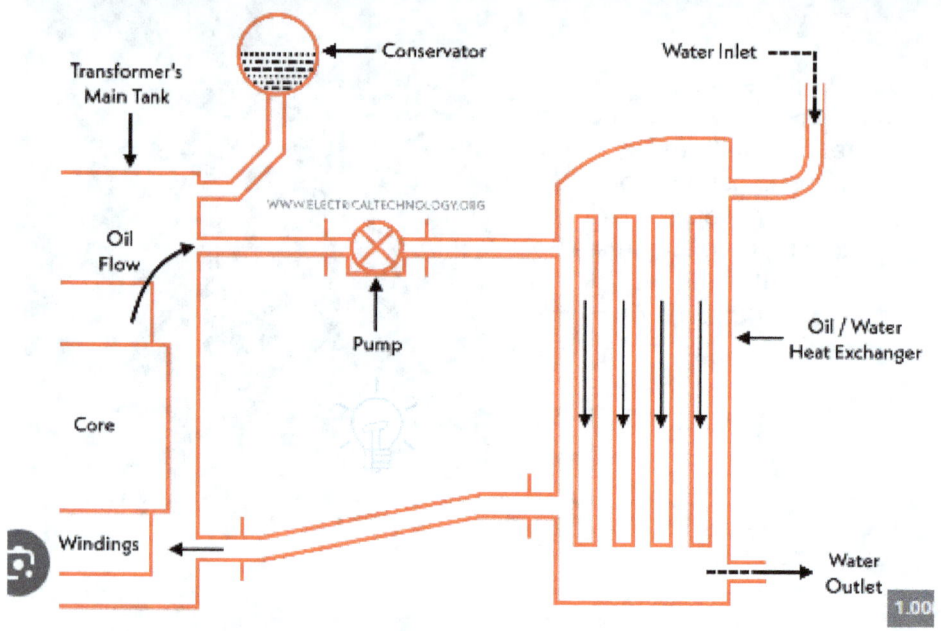

Tipo AA:

Son del tipo seco, sin aceite, el enfriamiento es únicamente por medio del aire que circula entre las bobinas y núcleo.

Se recomienda instalarlos separados de muros o equipos que no permitan su ventilación, ver el manual del fabricante.

Fig. 3.11.1 Transformador Tipo Seco Enfriamiento AA

Tipo AFA:

Transformador tipo seco con enfriamiento por medio de aire forzado cuenta con varios ventiladores instalados en la parte inferior del transformador.

Fig. 3.11.1 Transformador Tipo Seco Enfriamiento AA/FA

TIPO AA/FA:

Transformador tipo seco con dos pasos de enfriamiento, el primer paso es Enfriado por Aire, el segundo paso es enfriado por aire forzado, contando con ventiladores en la parte inferior con dirección hacia arriba, el control es automático por medio de un control de temperatura con sensores en varias partes.

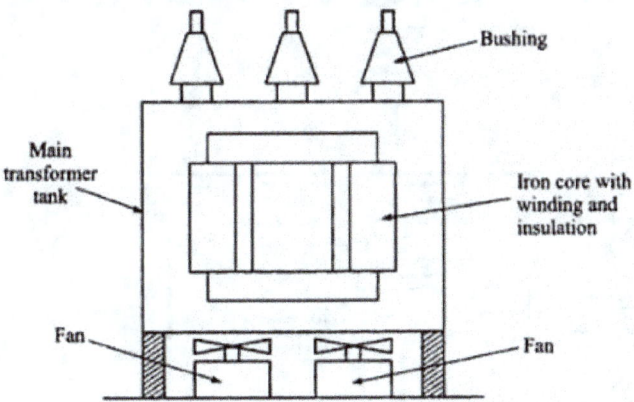

Capitulo Núm. 2.- Subestaciones eléctricas

2.1 Definición de una subestación eléctrica

Una subestación eléctrica es un conjunto de elementos o dispositivos que permiten cambiar las características de energía eléctrica (tensión, corriente, etc.), para uso en la Industria, Comercio y Hogar.

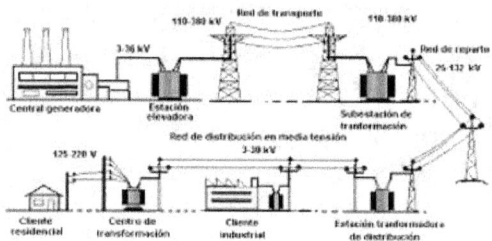

Las subestaciones eléctricas están destinadas a modificar y establecer los niveles de tensión de una infraestructura eléctrica, con el fin de facilitar el transporte y distribución de la energía eléctrica. Su equipo principal o el alma de estos equipos es el transformador.

2.2 Tipos de Subestaciones Eléctricas

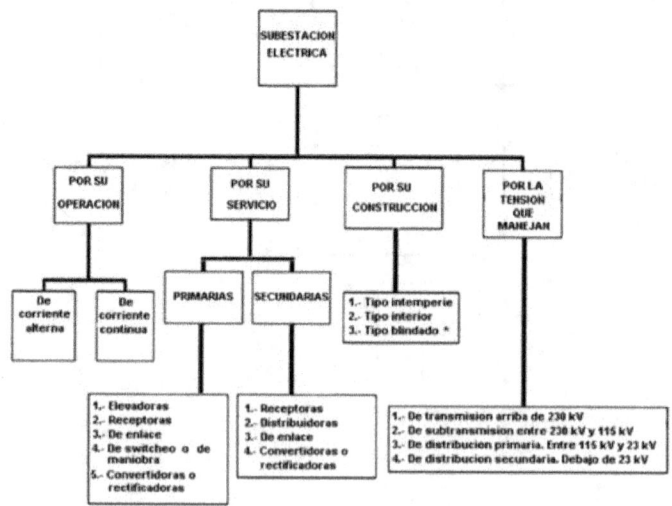

2.3 Características de las Subestaciones:

Tipos de subestaciones, listamos algunas de las más comunes:

- Tipo Pedestal
- Tipo Compacta Interior o exterior.
- Tipo Poste
- Subestación de Potencia
- Subestación Extra alta potencia

2.3.1 Subestación Tipo Pedestal (Jardín)

Fig.1.3.1.1 Subestación tipo Pedestal o Jardín

Subestación pedestal:

Este tipo de subestación es la más compacta del mercado y la más segura, su sistema de alimentación es con cable de potencia, instalación subterránea, evita el contacto con líneas de alta tensión.

Cuenta con protecciones como fusibles limitadores de corriente y de expulsión contra cortocircuitos.

Brinda estética al medio ambiente y seguridad.

2.3.2 Subestación Tipo Compacta

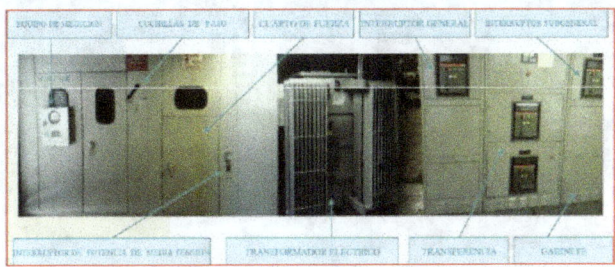

Fig.1.3.2.1 Subestación tipo compacta

Este tipo de subestación se denomina compacta debido principalmente a su diseño compacto y mantener sus partes o componentes bajo cubierta, cuenta con blindaje de protección de arco eléctrico al operar desde el exterior por medio de la palanca de apertura y cierre, cuenta con interruptor o seccionador de aire (cuchillas de operación en grupo con cámara de extinción de arco), no se recomienda su operación con carga, ya que puede fundir los fusibles.

Ventajas: Seguridad eléctrica, arreglo subterráneo, normalmente usado en subestaciones mayores de 500 KVA.

2.3.3 Subestación Tipo Poste

Subestación tipo Poste:

Este tipo de subestación se denomina poste, debido a su montaje, pero no necesariamente se instala en un poste, las hay en estructuras tipo H y tipo azotea.

Este tipo de transformadores debe contar con sus cuchillas y apartarrayos como medios de protección y desconexión.

Se utiliza una pértiga para abrir las cuchillas y/o cambiar los fusibles.

Fig.1.3.3.1 Subestación tipo Poste

2.3.3 Subestación Tipo Poste (H y Azotea)

Fig.1.3.4.1 Subestación de potencia

Subestación de potencia:

- Cuando se tenga un consumo mayor a 5,000 Kilowatts es viable para esta subestación.

- Las subestaciones reductoras se instalan principalmente en instalaciones de distribución de la SUMINISTRADORA y en las industrias grandes, ya que a mayor voltaje menor es la tarifa que se paga en la factura de energía eléctrica

2.3.5 Subestaciones Extra alta Potencia

Fig.1.3.5.1 Subestación de extra alta potencia

Subestación de extra alta potencia:

Este tipo de subestación se denomina de extra alta potencia, debido a su nivel de voltaje, normalmente es de 570 a 750 KV L-L, usado comúnmente en EU y Canadá.
Este arreglo se utiliza en subestaciones reductoras primarias o elevadoras primarias principalmente en instalaciones de transmisión de Plantas Generadoras

CAPITULO Núm. 3
Factor de Potencia y Potencias Trifásicas

3.1 Unidades y Formulas Utilizadas para cálculos de transformadores

Las unidades y formulas principalmente utilizadas en cálculos de potencia en transformadores y subestaciones se componen de las siguientes:

Watt (W o KW)

Concepto: Es la potencia que en el proceso de transformación de la energía eléctrica se aprovecha como trabajo, los diferentes dispositivos eléctricos existentes convierten la energía eléctrica en otras formas de energía tales como: mecánica, lumínica, térmica, química, etc. La diferencia con la potencia aparente es que se ve afectado por el Factor de Potencia (Cos φ).

Definiciones:

1. Watts (W): El watt es la unidad básica de potencia en el Sistema Internacional de Unidades (SI). Representa la cantidad de energía transferida o convertida por unidad de tiempo. Un watt es igual a un julio por segundo y se utiliza para medir la potencia activa en un circuito eléctrico. En términos más simples, los watts miden la cantidad de trabajo que se realiza por unidad de tiempo. Por ejemplo, si un dispositivo eléctrico tiene una potencia nominal de 100 watts, significa que consume 100 joules de energía cada segundo.

2. Kilowatts (kW): El kilowatt es una unidad de potencia que equivale a mil watts. Es comúnmente utilizado para medir la potencia de dispositivos eléctricos más grandes o la demanda de energía en edificios o instalaciones industriales. Debido a que un kilowatt es igual a 1000 watts, los electrodomésticos y equipos eléctricos de mayor tamaño a menudo se clasifican en kilowatts para manejar números más manejables. Por ejemplo, una estufa eléctrica puede tener una potencia de 4 kilowatts, ***en este caso si se considera el factor de potencia.***

En resumen, los watts y los kilowatts son unidades de medida de potencia, que indican cuánta energía se está utilizando o transfiriendo por unidad de tiempo en un circuito eléctrico o con respecto a algún dispositivo o sistema eléctrico, por lo tanto, en este manual lo conoceremos como **POTENCIA ACTIVA o REAL.**

Su fórmula es:

$$P = V \cdot I \cdot \cos \varphi$$

VoltAmpereReactivo (VAr o KVAr):

El término "voltampere reactivos" es una combinación de dos conceptos: "voltampere" y "reactivos". Desglosemos cada parte:

Voltampere (VA): Voltampere es una unidad de potencia aparente, también conocida como "volt-ampere". Representa la potencia total en un circuito eléctrico de corriente alterna (CA), que incluye tanto la potencia real (medida en vatios) como la potencia reactiva (medida en voltios-amperios reactivos o VAR).

Reactivos (Reactivo): En el contexto de la electricidad, "reactivo" se refiere a la potencia que oscila entre la carga y la fuente en un circuito de CA debido a la presencia de elementos inductivos y capacitivos. La potencia reactiva no realiza trabajo útil, como calefacción o iluminación, pero es necesaria para el funcionamiento de dispositivos inductivos como motores y transformadores.

Entonces, "voltampere reactivos" se refiere a la porción de potencia aparente en un circuito de CA que se debe a la presencia de potencia reactiva. Representa el componente reactivo de la potencia total y se mide en voltios-amperios reactivos (VAR). La potencia reactiva es esencial para mantener los niveles de voltaje y apoyar el correcto funcionamiento de los dispositivos y sistemas eléctricos. Los servicios públicos y los sistemas de energía necesitan administrar la energía reactiva para garantizar una distribución de electricidad estable y eficiente. por lo tanto, en este manual lo conoceremos como **POTENCIA REACTIVA**

Su fórmula es:

$$Q = \sqrt{S^2 - P^2}$$

VoltAmpere (VA o KVA):

Concepto: Indica la potencia aparente, es la potencia que identifica la capacidad de los transformadores, por ejemplo: 1500 KVA, se puede decir que es la suma geométrica de la potencia activa y la reactiva.

Definiciones:

1. Voltampere (VA): El voltampere es una unidad de medida de "potencia aparente" en un circuito eléctrico de corriente alterna (CA). Representa la magnitud total de la potencia en el circuito, que incluye tanto la potencia activa (medida en watts) como la potencia reactiva (medida en voltamperios reactivos o VAR). En otras palabras, el voltampere es la combinación de la tensión (voltios) y la corriente (amperios) en el circuito *sin tener en cuenta el factor de potencia*. La potencia aparente se denota con la unidad "VA".

2. Kilovoltampere (kVA): El kilovoltampere es simplemente mil voltamperios (VA). Es una unidad utilizada para expresar potencias aparentes mayores, como las que se encuentran en sistemas eléctricos comerciales, industriales o de gran escala. Al igual que el

voltampere, el kilovoltampere también considera tanto la potencia activa como la reactiva, pero a una escala más grande. Es común encontrar esta unidad en especificaciones de transformadores, generadores y equipos eléctricos de mayor capacidad.

En resumen, el voltampere (VA) y el kilovoltampere (kVA) son unidades de potencia aparente en circuitos eléctricos de corriente alterna. Representan la magnitud total de potencia que fluye a través del circuito, considerando tanto la potencia activa como la potencia reactiva. Mientras que el voltampere se utiliza para potencias más pequeñas, el kilovoltampere se emplea para expresar potencias aparentes mayores, por lo tanto, en este manual lo conoceremos como **POTENCIA APARENTE.**

Su fórmula es:

$$S = V \cdot I$$

¿Qué es el factor de potencia?

El factor de potencia es un concepto importante en circuitos trifásicos que se relaciona con la eficiencia energética y la utilización adecuada de la potencia eléctrica. Para entender el origen del factor de potencia, es necesario entender el "triángulo de potencias" en un circuito trifásico.

En un sistema trifásico, la potencia aparente (S) se puede descomponer en dos componentes: la potencia activa o real (P), medida en watts, que representa la potencia real que realiza el trabajo útil en el circuito, y la potencia reactiva (Q), medida en voltamperios reactivos (VAR), que representa la potencia que oscila entre el generador y las cargas inductivas y capacitivas del sistema. Estas tres cantidades (P, Q y S) forman el triángulo de potencias.

El factor de potencia (FP) se define como la relación entre la potencia activa (P) y la potencia aparente (S) en un circuito, y se expresa como un número entre 0 y 1 o como un porcentaje entre 0% y 100%. Matemáticamente, se representa como:

FP = P / S

Si el factor de potencia es igual a 1 (o 100%), significa que toda la potencia aparente (S) se convierte en potencia activa (P) y no hay potencia reactiva presente en el sistema. Esto indica que el circuito es altamente eficiente y está utilizando toda la energía de manera efectiva para realizar trabajo útil.

Si el factor de potencia es menor que 1, significa que hay potencia reactiva presente en el sistema, lo que puede deberse a la presencia de cargas inductivas (como motores) o capacitivas. Estas cargas no realizan trabajo útil, pero consumen energía, lo que puede reducir la eficiencia del circuito y aumentar las pérdidas de energía en la red eléctrica.

En resumen, el factor de potencia se origina en el triángulo de potencias en un circuito trifásico y representa la relación entre la potencia activa y la potencia aparente. Un factor de potencia cercano a 1 indica una alta eficiencia, mientras que un factor de potencia menor a 1 implica la presencia de potencia reactiva y una menor eficiencia en el uso de la energía. Mantener un factor de potencia cercano a 1 es importante para optimizar la eficiencia energética en sistemas eléctricos trifásicos.

Estableciendo el origen del Factor de Potencia

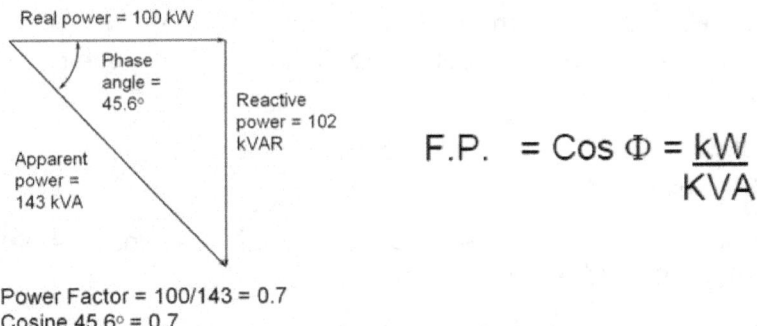

Real power = 100 kW

Phase angle = 45.6°

Reactive power = 102 kVAR

Apparent power = 143 kVA

F.P. $= \cos \Phi = \dfrac{kW}{KVA}$

Power Factor = 100/143 = 0.7
Cosine 45.6° = 0.7

Si un sistema eléctrico se encuentra bajo en factor de potencia, significa que está operando con un factor de potencia menor a 1 (o menos del 100%). Esto ocurre cuando la potencia reactiva en el circuito es significativamente mayor en comparación con la potencia activa, lo que indica que hay una cantidad considerable de cargas inductivas o capacitivas presentes en el sistema.

Los efectos y consecuencias de tener un bajo factor de potencia pueden ser diversos y tienen implicaciones tanto para el consumidor como para la compañía eléctrica o distribuidora de energía. Algunas de las principales consecuencias incluyen:

1. Pérdida de eficiencia: Un bajo factor de potencia implica que una parte significativa de la energía suministrada no está siendo utilizada para realizar trabajo útil, lo que resulta en una menor eficiencia energética del sistema. Se desperdicia energía en forma de corriente reactiva, lo que aumenta la demanda de energía en la red y puede llevar a un mayor consumo de recursos.

2. Aumento de pérdidas en la red: La presencia de potencia reactiva en la red eléctrica puede generar mayores pérdidas de energía debido al aumento de las corrientes circulantes. Estas pérdidas se manifiestan como calor y pueden afectar la vida útil de los equipos y las infraestructuras eléctricas.

3. Facturación: Algunas compañías eléctricas penalizan a los consumidores que tienen un factor de potencia bajo. Esto se hace para incentivar a los usuarios a mejorar su eficiencia energética y reducir la cantidad de potencia reactiva que toman de la red.

4. Saturación de la red: Un alto consumo de potencia reactiva puede sobrecargar la red eléctrica, especialmente si hay muchas cargas inductivas o capacitivas en un área específica. Esto puede llevar a problemas de voltaje y estabilidad en la red.

Para mejorar un bajo factor de potencia, se pueden tomar medidas correctivas como:

- Instalar equipos de corrección del factor de potencia, como capacitores, que compensen la potencia reactiva y mejoren la eficiencia del sistema.

- Redistribuir las cargas en el circuito para equilibrar la demanda de potencia reactiva.

- Mejorar el diseño y mantenimiento de equipos eléctricos para reducir las pérdidas de energía.

- Sensibilizar a los usuarios y empresas sobre la importancia de mantener un factor de potencia cercano a 1 y promover prácticas de eficiencia energética.

En conclusión, el tener un bajo factor de potencia puede tener varios efectos negativos, incluida una menor eficiencia energética y mayores pérdidas en la red. Es importante tomar medidas para corregir esta situación y optimizar el uso de la energía eléctrica.

Las penalizaciones por bajo factor de potencia en México pueden variar dependiendo de la compañía eléctrica o proveedor de energía, así como del tipo de contrato y el consumo de energía del usuario. En general, las penalizaciones se aplican para incentivar a los usuarios a mejorar su eficiencia energética y corregir su factor de potencia, evitando así la sobrecarga de la red eléctrica y reduciendo las pérdidas de energía.

Las penalizaciones por bajo factor de potencia pueden incluir:

1. Cargos adicionales en la factura eléctrica: Algunas compañías eléctricas pueden aplicar cargos adicionales en la factura de energía en función del bajo factor de potencia del usuario. Estos cargos se suman al costo normal de la energía consumida y se calculan en función de la cantidad de potencia reactiva tomada de la red.

2. Tarifas más altas: En algunos casos, los usuarios con bajo factor de potencia pueden ser asignados a una categoría de tarifa más alta. Esto significa que pagarán más por cada unidad de energía consumida debido a su ineficiencia energética.

3. Cambio en la clasificación de consumo: En ciertos casos, los usuarios con bajo factor de potencia pueden ser reasignados a una clasificación de consumo diferente, lo que puede afectar sus costos y condiciones contractuales.

En el caso de servicios conectados en la red de distribución (media tensión) el limite es 90% y en Alta Tensión es del 95%, para conocer más del tema en otros países, comunicarse con su compañía de suministro eléctrico.

Es importante mencionar que las regulaciones y tarifas pueden cambiar con el tiempo, por lo que es recomendable consultar directamente con la compañía eléctrica o el proveedor de energía para obtener información actualizada sobre las penalizaciones por bajo factor de potencia en México. Además, es fundamental implementar medidas para mejorar la eficiencia energética y corregir el factor de potencia para evitar cargos adicionales y optimizar el consumo de energía.

3.2.1 Corrección del FP, Formulas y tablas de apoyo.

Corregir el factor de potencia en un circuito eléctrico se logra mediante la instalación de equipos y dispositivos de corrección del factor de potencia. Estos dispositivos están diseñados para compensar la potencia reactiva y mejorar la eficiencia energética del sistema. A continuación, te presento algunas de las formas más comunes de corregir el factor de potencia:

1. Capacitores (condensadores): Los capacitores son dispositivos que almacenan y liberan carga eléctrica. Cuando se conectan en paralelo al sistema eléctrico, pueden suministrar potencia reactiva a las cargas inductivas, lo que contrarresta la potencia reactiva que

fluye del suministrador de energía. Esto mejora el factor de potencia del sistema y reduce la cantidad de potencia reactiva tomada de la red.

2. Bancos de capacitores: Para corregir el factor de potencia en instalaciones con múltiples cargas inductivas, se utilizan bancos de capacitores. Estos bancos consisten en varios capacitores conectados en paralelo para proporcionar la cantidad adecuada de potencia reactiva requerida por el sistema.

3. Bancos automáticos de capacitores: Estos dispositivos monitorean el factor de potencia en tiempo real y ajustan automáticamente la cantidad de potencia reactiva suministrada por los capacitores para mantener un factor de potencia cercano a 1. Los controladores automáticos son eficientes y permiten una corrección dinámica del factor de potencia a medida que cambia la carga del sistema.

Banco Automático de capacitores.

4. Transformadores con devanados desfasados: Algunas instalaciones utilizan transformadores con devanados desfasados para mejorar el factor de potencia. Estos transformadores introducen una diferencia de fase entre la tensión y la corriente, lo que ayuda a compensar la potencia reactiva.

5. Educación y gestión de la carga: La sensibilización y la gestión adecuada de la carga también pueden ayudar a mejorar el factor de potencia. Identificar y eliminar cargas ineficientes, equilibrar las cargas entre las fases y evitar picos de demanda pueden contribuir a una mejor eficiencia energética en el sistema.

Es esencial llevar a cabo un análisis y un estudio técnico para determinar la cantidad y el tipo de corrección del factor de potencia requerido en cada caso específico. Siempre se recomienda contar con la asesoría de profesionales en ingeniería eléctrica para implementar correctamente las soluciones de corrección del factor de potencia y asegurarse de que se cumplan los requisitos y regulaciones locales.

Filtro de rechazo de armónicas:

Un filtro de rechazo de armónicas, también conocido como filtro de armónicas o filtro pasivo de armónicas, es un dispositivo eléctrico utilizado para mitigar o eliminar las armónicas presentes en una señal eléctrica. Las armónicas son componentes de frecuencia no deseados que se superponen a la frecuencia fundamental de una señal eléctrica, generalmente en sistemas de corriente alterna (CA).

En sistemas eléctricos, las cargas no lineales, como equipos electrónicos, variadores de velocidad, transformadores saturados y rectificadores, pueden generar armónicas. Estas armónicas pueden causar distorsiones en la forma de onda de la corriente y la tensión, lo que puede tener efectos adversos, como sobrecalentamiento de equipos, pérdidas de energía, vibraciones, ruido y problemas de operación.

El filtro de rechazo de armónicas está diseñado para atenuar o suprimir selectivamente las armónicas no deseadas de la señal eléctrica, permitiendo que solo la frecuencia fundamental y, posiblemente, algunas armónicas específicas pasen sin distorsión significativa. Estos filtros se componen de componentes pasivos, como inductores, capacitores y resistencias, dispuestos en una configuración adecuada para crear un circuito resonante que afecte a ciertas armónicas.

Algunos filtros de rechazo de armónicas son ajustables, lo que permite seleccionar el rango de frecuencias de armónicas que se desea eliminar. Estos filtros pueden instalarse en la red eléctrica principal o en equipos específicos para corregir la distorsión armónica generada por cargas no lineales.

Es importante seleccionar y configurar adecuadamente los filtros de rechazo de armónicas para cada aplicación, ya que un mal diseño o una implementación incorrecta pueden afectar negativamente la operación del sistema eléctrico. Es recomendable contar con la asesoría de ingenieros o especialistas en sistemas eléctricos para determinar la solución más adecuada para reducir las armónicas y mejorar la calidad del suministro eléctrico.

Fig. Filtro de rechazo con bancos de capacitores

TABLA PARA CORREGIR EL FACTOR DE POTENCIA
FACTOR DE POTENCIA DESEADO

Factor de Potencia Actual	1.00	0.99	0.98	0.97	0.96	0.95	0.94	0.93	0.92	0.91	0.90	0.89	0.88	0.87	0.86	0.85
0.99	0.142															
0.98	0.203	0.061														
0.97	0.251	0.108	0.048													
0.96	0.292	0.149	0.089	0.041												
0.95	0.329	0.186	0.126	0.079	0.037											
0.94	0.363	0.220	0.160	0.112	0.071	0.034										
0.93	0.395	0.253	0.192	0.145	0.104	0.067	0.032									
0.92	0.426	0.284	0.223	0.175	0.134	0.097	0.063	0.031								
0.91	0.456	0.313	0.253	0.205	0.164	0.127	0.093	0.060	0.030							
0.90	0.484	0.342	0.281	0.234	0.193	0.156	0.121	0.089	0.058	0.029						
0.89	0.512	0.370	0.309	0.262	0.221	0.184	0.149	0.117	0.086	0.057	0.028					
0.88	0.540	0.397	0.337	0.289	0.248	0.211	0.177	0.145	0.114	0.084	0.055	0.027				
0.87	0.567	0.424	0.364	0.316	0.275	0.238	0.204	0.172	0.141	0.111	0.082	0.054	0.027			
0.86	0.593	0.451	0.390	0.343	0.302	0.265	0.230	0.198	0.167	0.138	0.109	0.081	0.054	0.027		
0.85	0.620	0.477	0.417	0.369	0.328	0.291	0.257	0.225	0.194	0.164	0.135	0.107	0.080	0.053	0.026	
0.84	0.646	0.503	0.443	0.395	0.354	0.317	0.283	0.251	0.220	0.190	0.162	0.134	0.106	0.079	0.053	0.026
0.83	0.672	0.530	0.469	0.421	0.380	0.343	0.309	0.277	0.246	0.216	0.188	0.160	0.132	0.105	0.079	0.052
0.82	0.698	0.556	0.495	0.447	0.406	0.369	0.335	0.303	0.272	0.242	0.214	0.186	0.158	0.131	0.105	0.078
0.81	0.724	0.581	0.521	0.473	0.432	0.395	0.361	0.329	0.298	0.268	0.240	0.212	0.184	0.157	0.131	0.104
0.80	0.750	0.608	0.547	0.499	0.458	0.421	0.387	0.355	0.324	0.294	0.266	0.238	0.210	0.183	0.157	0.130
0.79	0.776	0.634	0.573	0.525	0.484	0.447	0.413	0.381	0.350	0.320	0.292	0.264	0.236	0.209	0.183	0.156
0.78	0.802	0.660	0.599	0.552	0.511	0.474	0.439	0.407	0.376	0.347	0.318	0.290	0.263	0.236	0.209	0.183
0.77	0.829	0.686	0.626	0.578	0.537	0.500	0.466	0.433	0.403	0.373	0.344	0.316	0.289	0.262	0.235	0.209
0.76	0.855	0.713	0.652	0.605	0.563	0.526	0.492	0.460	0.429	0.400	0.371	0.343	0.315	0.288	0.262	0.235
0.75	0.882	0.739	0.679	0.631	0.590	0.553	0.519	0.487	0.456	0.426	0.398	0.370	0.342	0.315	0.289	0.262
0.74	0.909	0.766	0.706	0.658	0.617	0.580	0.546	0.514	0.483	0.453	0.425	0.397	0.369	0.342	0.316	0.289
0.73	0.936	0.794	0.733	0.686	0.645	0.608	0.573	0.541	0.510	0.481	0.452	0.424	0.396	0.370	0.343	0.316
0.72	0.964	0.821	0.761	0.713	0.672	0.635	0.601	0.569	0.538	0.508	0.480	0.452	0.424	0.397	0.370	0.344
0.71	0.992	0.849	0.789	0.741	0.700	0.663	0.629	0.597	0.566	0.536	0.508	0.480	0.452	0.425	0.398	0.372
0.70	1.020	0.878	0.817	0.770	0.729	0.692	0.667	0.625	0.594	0.565	0.536	0.508	0.480	0.453	0.427	0.400
0.69	1.049	0.907	0.846	0.798	0.757	0.720	0.686	0.654	0.623	0.593	0.565	0.537	0.509	0.482	0.456	0.429
0.68	1.078	0.936	0.875	0.828	0.787	0.750	0.715	0.683	0.652	0.623	0.594	0.566	0.539	0.512	0.485	0.459
0.67	1.108	0.966	0.905	0.857	0.816	0.779	0.745	0.713	0.682	0.652	0.624	0.596	0.568	0.541	0.515	0.488
0.66	1.138	0.996	0.935	0.888	0.847	0.810	0.775	0.743	0.712	0.683	0.654	0.626	0.599	0.572	0.545	0.519
0.65	1.169	1.027	0.966	0.919	0.877	0.840	0.806	0.774	0.743	0.714	0.685	0.657	0.629	0.602	0.576	0.549

IMPORTANTE:

Los fabricantes de capacitores recomiendan que no se compense más del 10% de la capacidad del transformador en KVAr, cuando este se quede en vacío (sin carga), ya que puede entrar en resonancia y dañar tanto el capacitor como el transformador.

Existen varios métodos para determinar los kVAR necesarios, por ejemplo:
- a. Una medición de Calidad de Potencia.
- b. Por medio de tablas de apoyo.
- c. Por medio de cálculos con las fórmulas eléctricas.

3.2.3 Ejemplo #1 de corrección de Factor de Potencia.

EJEMPLO: Factor de potencia actual 0.70; factor de potencia deseado 0.97; consumo de potencia promedio 775 kW; voltaje 480 V.

1° Localice el factor de potencia actual.
2° Localice el factor de potencia deseado.
3° El valor donde confluyen ambos valores (0.769), es el que se multiplica por la po-cia (775 kW) para obtener el valor del capacitor adecuado.
Por lo tanto, seleccionamos 12 capacito-res de 50 kVAr en 480 Volts.

3.2.4 Ejemplo práctico de Corrección del Factor de potencia

Para efectos Prácticos y de capacitación, vamos a presentar el método de las tablas de apoyo, el cual es un método fiable y sencillo.

Procedimiento:

Se determina el promedio de los últimos 3 meses del FP de la factura de energía eléctrica de la compañía suministradora.

KW   FP

Mes	Demanda máxima	Consumo total kWh	F. P. %	F. C. %	Precio medio
JUN 11	126	18,720	88.63	21.35	2.3724
JUL 11	127	31,140	88.64	32.96	2.0353
AGO 11	127	24,360	88.55	25.78	2.1995

Promedios: **126.6 KW**   **88.60%**

3.2.4 Ejemplo práctico de Corrección del Factor de potencia

Se obtiene el valor promedio del 88.60% de FP y se desea corregir al 98% para obtener una Bonificación sin sobre compensar el Transformador, de acuerdo a la tabla se toma el valor de 0.337 y se multiplicara por el valor promedio del consumo en KW (Demanda Máxima) de los últimos 3 meses, (126+127+127)/3= 126.6 KW

Multiplicar (126.6)(0.337)= 42.68 KVAr pueden ser 45 KVAr en capacitores.

	1.00	0.99	0.98
0.99	0.142		
0.98	0.203	0.061	
0.97	0.251	0.108	0.048
0.96	0.292	0.149	0.089
0.95	0.329	0.186	0.126
0.94	0.363	0.220	0.160
0.93	0.395	0.253	0.192
0.92	0.426	0.284	0.223
0.91	0.456	0.313	0.253
0.90	0.484	0.342	0.281
0.89	0.512	0.370	0.309
0.88	0.540	0.397	0.337

JUSTIFICACIÓN ECONÓMICA DE CORRECCIÓN DE FACTOR DE POTENCIA

	Datos del recibo de CFE				CARGOS		
MES	KWD	KWH	KVARH	%FP	Multa/Bonif	Energia - KWH	Demanda-KWD
nov-12	490	166.390	110.53	83.3	$14,065.00	$206,766.00	$80,516.00
Promedio	490	166.390	110.53	83.30	$14,065.00	$206,766.00	$80,516.00
				F.P. Actual			

Factor de Potencia Deseado 98.0

kVAR Requeridos para obtener el FP Deseado

226 KVAR

Nota.
Se utiliza la facturación básica para los cálculos de Multa o Bonificación

Porcentaje de Ahorros obtenidos con el Factor de Potencia Deseado

Multa	5%	Bonificación	2.15%

Justificación del Proyecto

Se totalizan los ahorros por dejar de pagar multa y recibir Bonificación
El retorno de la inversión es dividiendo el costo del proyecto entre los ahorros

Facturación Básica =	Cargo-KWH + Cargo de KWD		Total
Promedio sin IVA	$206,766.00	$80,516.00	$287,282.00
Multa	$14,065.00		
Bonificación Futura	$6,171.47		
Total de Ahorros	**$20,236.47**		
Costo del Proyecto	$194,000.00		
Tiempo de Recuperación de la Inversión	**9.6**		**Meses**

Nota: si desea obtener esta hoja de cálculo envíe un correo a lfmc70hotmai.com

3.3 Tabla de Formulas eléctricas.

Usaremos estas fórmulas para resolver el ejercicio de la siguiente página.

FORMULAS ELECTRICAS

	Corriente Continua	CORRIENTE ALTERNA		
		UNA FASE	DOS FASES 4" HILOS	3 FASES
AMPERE Conociendo HP	$\dfrac{HP \times 746}{E \times N}$	$\dfrac{HP \times 746}{E \times N \times f.p.}$	$\dfrac{HP \times 746}{2 \times E \times N \times f.p.}$	$\dfrac{HP \times 746}{1.73 \times E \times N \times f.p.}$
AMPERE Conociendo kW	$\dfrac{kW \times 1000}{E}$	$\dfrac{kW \times 1000}{E \times f.p.}$	$\dfrac{kW \times 1000}{2 \times E \times f.p.}$	$\dfrac{kW \times 1000}{1.73 \times e \times f.p.}$
AMPERE Conociendo kVA		$\dfrac{kVA \times 1000}{E}$	$\dfrac{kVA \times 1000}{2E}$	$\dfrac{kVA \times 1000}{1.73 \times E}$
kW	$\dfrac{I \times E}{1000}$	$\dfrac{I \times E \times f.p.}{1000}$	$\dfrac{I \times E \times f.p. \times 2}{1000}$	$\dfrac{I \times E \times f.p. \times 1.73}{1000}$
kVA		$\dfrac{I \times E}{1000}$	$\dfrac{I \times E \times 2}{1000}$	$\dfrac{I \times E \times 1.73}{1000}$
POTENCIA en la flecha HP	$\dfrac{I \times E \times N}{746}$	$\dfrac{I \times E \times N \times f.p.}{746}$	$\dfrac{I \times E \times 1.73 \times N \times f.p.}{746}$	$\dfrac{I \times E \times 1.73 \times N \times f.p.}{746}$
Factor de potencia	Unitario	$\dfrac{W}{E \times I}$	$\dfrac{W}{2 \times E \times I}$	$\dfrac{W}{1.73 \times E \times I}$

I = Corriente en Ampere
E = Tensión en Volt
N = Eficiencia expresada en decimales
HP = Potencia en Horse Power

$$R.P.M. = \frac{f \times 120}{p}$$

f.p. = Factor de potencia
kW = Potencia en kiloWatt
kVA = Potencia aparente en kilovoltAmpere
W = Potencia en Watt
R.P.M. = Revoluciones por minuto
f = Frecuencia (hertz: ciclos/seg)
p = Número de polos

* Para sistemas de 2 fases 3 hilos, la corriente en el conductor es 1,41 veces mayor que la de cualquiera de los otros conductores.

Realicemos el siguiente ejercicio (se recomienda que haga sus cálculos y compare resultados en la siguiente diapositiva):

Se tiene un transformador trifásico de 300 KVA, Voltaje Primario de 13200 Volts y un voltaje secundario de 440 Volts, una eficiencia de 98%, se le ha conectado un motor de 180 HP trifásico, a una tensión de 440 Volts.
El factor de potencia es de 92% Inductivo.

Determine lo siguiente:

Calcular lo siguiente:
1. Calcule la Corriente Nominal en el primario del transformador
2. Calcule la Corriente Nominal en el secundario del transformador
3. Determine la Potencia Activa (P)
4. Determine la Potencia Aparente (S)
5. Determine la Corriente entregada al motor (Ic)
6. Determine la Potencia Reactiva (Q)

Resultados del Ejercicio 3.3.1

Compare sus respuestas:

1.- Calcule la Corriente Nominal en el primario del transformador
R> *La corriente en el devanado primario es de 13 Amperes.*
2.- Calcule la Corriente Nominal en el secundario del transformador
R> *La corriente en el devanado secundario es de 393 Amperes*
3.- Determine la Potencia Activa
R> *La potencia real entregada es de 276,000 Watts o 276 KW.*
4.- Determine la Potencia Aparente
R> *La potencia aparente, es la misma que la placa de datos: 300,000 VoltAmperes o 300 KVA, usar fórmula para determinar los KVA en base a la Carga del Motor.*
5.- Determine la Corriente entregada al motor (Ic)
R> *La corriente que demanda el motor es de 195.43 Amperes*
6.- Determine la Potencia Reactiva (Q)
R> *La potencia reactiva es la diferencia de los cuadrados de la Potencia Aparente y la Potencia Real, reducido por la raíz cuadrada por lo cual la potencia Reactiva es de 117 KVAr*
$$Q=\sqrt{S^2 - P^2} \quad \sqrt{300^2 - 276^2} \quad \sqrt{90,000 - 76176} = \sqrt{13,824} =$$

Conclusión del Ejercicio 3.3.1

En el caso de los capacitores se deberá tomar en cuenta la eficiencia en los mismos, ya que esta se ve afectada la eficiencia con menos tensión eléctrica al cual se conecta el mismo, es decir:

Si la tensión de placa del capacitor es de V=480 Volts y se conecta al sistema eléctrico del Usuario y la tensión Nominal es de 440 Volts se tiene una baja eficiencia en la compensación debido al Voltaje suministrado por la red, veamos en la siguiente diapositiva el cálculo de eficiencia en el capacitor……

Eficiencia= Vlínea/Vplaca =
Eficiencia=   440/480= 91%
La eficiencia del capacitor es de 91% del valor de placa del mismo.
Dado lo anterior decimos que si un Capacitor es de 100 KVAr solo trabajara al 91% de su valor de placa, es decir, a 91 KVAr.

Capitulo Núm. 4
Equipos Periféricos de Medición y protección en Transformadores

4.1 Equipos y accesorios de transformadores

Los transformadores se componen de diferentes partes tales como:

✓ **INTERNAS**:
- Núcleo de acero al silicio
- Herrajes de Fe
- Aislamientos de papel (Celulosa)
- Asilamientos de cartón (Solido)
- Madera de haya
- Devanados de Cobre y/o aluminio
- Cambiador Bajo Carga

✓ **EXTERNAS:**

- Boquillas de cerámica
- Cambiador de derivaciones (Taps)
- Válvula de alivio
- Válvula de dren
- Relevador Buccholz
- Indicador de Nivel de liquido
- Indicador de Temperatura de Aceite
- Indicador de Temperatura de devanados
- Relevador de Presión Súbita (RPS)
- Relevador Mecánico de Sobrepresión (RMS)
- Registro Mano, etc.

4.2 Indicador de Nivel de aceite 63 B

Indicador de nivel de aceite:

Este instrumento mide el nivel por medio de un flotador de caucho, se recomienda que este siempre a 25°C, puede o no tener contactos de alarma de alto y bajo nivel, es muy común su aplicación en transformadores mayores a 225 KVA

Fig. 4.2.1 Indicador de Nivel de Aceite

4.3 Indicador de Temperatura de devanados 49B

Indicador de temperatura de devanados:

Este instrumento mide la temperatura de los devanados por medio de una imagen térmica por medio de un Transformador de corriente, el RTD es calibrado en fábrica para que emita una temperatura en base a la carga del transformador.

Fig. 4.3.1 Indicador de Temperatura de Devanados 49B

Los indicadores de temperatura de devanados son dispositivos que se utilizan para medir la temperatura de los devanados de un transformador u otro equipo eléctrico. Estos indicadores son cruciales para monitorear el calentamiento de los devanados, ya que un aumento excesivo de la temperatura puede indicar problemas en el funcionamiento del equipo, como sobrecargas o fallas potenciales.

Hay varios tipos de indicadores de temperatura de devanados, y algunos de los más comunes incluyen:

1. **RTDs (Resistores de Temperatura Dependiente)**: Como se mencionó anteriormente, los RTDs son sensores de resistencia cuyo valor cambia en función de la temperatura. Estos dispositivos son colocados en los devanados y proporcionan una señal eléctrica proporcional a la temperatura, que puede ser monitoreada y registrada para el análisis.

2. **Termistores**: Son dispositivos similares a los RTDs, pero su resistencia varía de manera no lineal con respecto a la temperatura. También se utilizan para medir la temperatura de los devanados.

3. **Termopares**: Son sensores que generan una pequeña corriente eléctrica cuando se establece una diferencia de temperatura entre sus dos extremos. Estos dispositivos son útiles cuando se requiere una medición de temperatura en aplicaciones de alta temperatura o ambientes hostiles.

4. **Indicadores digitales o analógicos**: Algunos transformadores modernos están equipados con sistemas de monitoreo digital que pueden mostrar la temperatura de los devanados en tiempo real en una pantalla o registrarla para su análisis.

Es importante destacar que el monitoreo de la temperatura de los devanados es una práctica esencial para garantizar un funcionamiento seguro y eficiente del equipo eléctrico. Los indicadores de temperatura de devanados permiten a los operadores y técnicos detectar problemas potenciales y tomar acciones preventivas antes de que se produzcan daños mayores o paradas no planificadas en el equipo.

Fig. 4.4.1 Relevador de
Presión Súbita 63P

Descripción:

El relevador de presión súbita 63P, también conocido como "63P Pressure Relay" en inglés, es un dispositivo de protección utilizado en sistemas eléctricos de alta tensión para detectar y actuar ante cambios bruscos en la presión del aceite dentro de equipos como transformadores de potencia o interruptores de potencia.

Su función principal es proteger los equipos eléctricos de posibles daños causados por la aparición repentina de presión dentro del sistema. En particular, se utiliza para proteger transformadores contra situaciones de falla interna, como cortocircuitos o arcos eléctricos, que pueden generar una presión súbita en el tanque del transformador debido a la liberación de gases y la generación de calor.

Cuando el relevador de presión súbita 63P detecta un cambio significativo en la presión, activa una señal de alarma o un sistema de disparo para desconectar el transformador u otro equipo vulnerable del sistema eléctrico. Esto ayuda a evitar daños mayores y protege tanto el equipo eléctrico como la red de distribución de energía.

Es importante mencionar que este tipo de relevador es solo uno de los muchos dispositivos de protección utilizados en sistemas eléctricos de alta tensión. Cada dispositivo de protección cumple una función específica para mantener la estabilidad y confiabilidad del sistema eléctrico y prevenir daños costosos o peligros para las personas y el medio ambiente.

Fig. 4.5.1 Relevador mecánico
de sobrepresión 63Q

El Relevador Mecánico de Sobrepresión (RMS) es un dispositivo de protección utilizado en algunos equipos y sistemas para detectar y actuar ante aumentos excesivos de presión. Es comúnmente utilizado en aplicaciones industriales y en sistemas de fluidos, como sistemas hidráulicos, sistemas de aire comprimido y sistemas de vapor.

La función principal del RMS es proteger el equipo o el sistema contra daños causados por una sobrepresión inesperada o no controlada. Cuando la presión dentro del sistema supera un valor preestablecido, el RMS actúa para evitar que la presión continúe aumentando y pueda dañar componentes, tuberías o recipientes.

La operación del Relevador Mecánico de Sobrepresión generalmente se basa en un mecanismo de diafragma o resorte que responde a la presión ejercida sobre él. Cuando la presión alcanza o supera el punto de ajuste del relevador, el mecanismo se activa y desencadena una acción de seguridad. Esta acción puede variar según la aplicación y puede incluir lo siguiente:

1. **Desconexión o corte del suministro**: En algunos casos, el RMS se utiliza para desconectar automáticamente el suministro de presión (como en sistemas de aire comprimido) para detener el flujo de fluido y reducir la presión.

2. **Alarma o señal visual**: En ciertos equipos y sistemas, el RMS puede activar una alarma sonora o visual para alertar a los operadores sobre la sobrepresión y que puedan tomar medidas adecuadas.

3. **Válvulas de seguridad**: En sistemas de fluidos, el RMS puede activar una válvula de seguridad para liberar el exceso de presión y mantenerla bajo control.

4. **Válvulas de alivio**: En algunos casos, el RMS puede abrir una válvula de alivio para redirigir el flujo de fluido hacia un área de menor presión y evitar daños.

El Relevador Mecánico de Sobrepresión es una medida preventiva importante en muchos sistemas y aplicaciones industriales para proteger equipos, prevenir daños costosos y mantener la seguridad operativa. La selección del RMS y su punto de ajuste deben hacerse cuidadosamente para que se adapte a las necesidades específicas de la aplicación y garantice una protección adecuada.

4.6 Relevador Buccholzz 63B

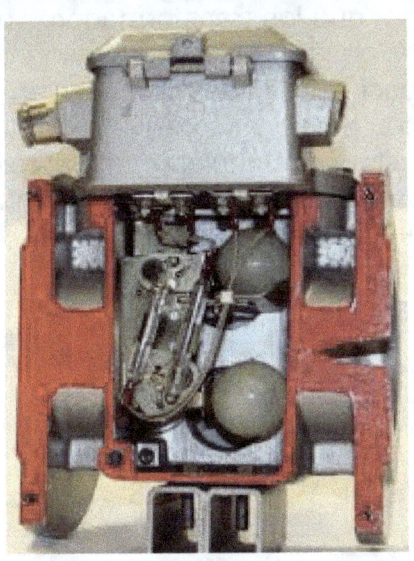

El relevador Buccholzz 63B o relevador de burbujas de tanque elevado es un dispositivo de protección utilizado en transformadores de potencia para detectar la acumulación excesiva de gases en el tanque del transformador. También se le conoce como "Relé de Presión de Gas" o "Relé de Gases Acumulados".

Cuando un transformador de potencia experimenta una falla interna, como un arco eléctrico o una falla en el aislamiento, se liberan gases dentro del tanque del transformador. Estos gases se acumulan y aumentan la presión en el tanque. El relevador de burbujas de tanque elevado está diseñado para monitorear la presión dentro del tanque y actuar si se alcanza o supera un nivel de presión predeterminado.

El funcionamiento del relevador de burbujas de tanque elevado generalmente se basa en un mecanismo de diafragma que responde a cambios de presión en el tanque. Cuando la presión de gas acumulado excede el umbral de ajuste del relevador, el mecanismo se activa y dispara una señal de alarma o un mecanismo de bloqueo que desconecta el transformador del sistema eléctrico.

Este dispositivo de protección es esencial para detectar y prevenir daños graves en el transformador debido a fallas internas o condiciones anormales que generan gases. Al detectar rápidamente el aumento de presión debido a la acumulación de gases, se puede tomar acción para evitar que la situación empeore y para proteger el transformador de posibles daños mayores o explosiones.

Es importante mencionar que los transformadores modernos también pueden estar equipados con sistemas de monitoreo más avanzados, como sistemas de detección de gases disueltos en el aceite (DGA), que proporcionan información adicional sobre la salud y el estado del transformador. Estos sistemas complementan al relevador de burbujas de tanque elevado y brindan una protección más completa y sofisticada para el transformador y el sistema eléctrico en general.

4.6.2 Instalación del Relé Buccholzz

Esquema de un transformador con tanque conservador y relevador buccholzz o de burbujas tanque elevado.

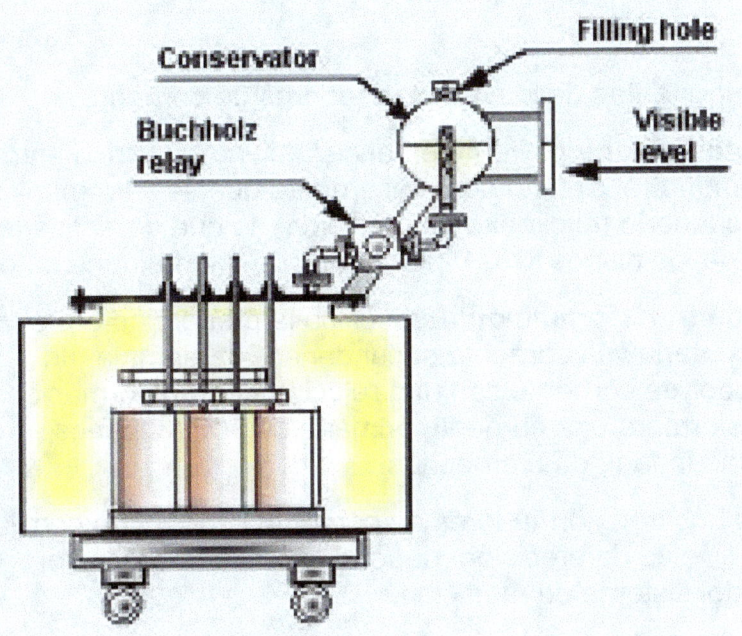

Conservator

Buchholz relay

Filling hole

Visible level

4.7 Transformadores de Corriente

Definición:

Un transformador de corriente TC (CT, por sus siglas en inglés: Current Transformer) es un dispositivo utilizado para medir y monitorear corrientes eléctricas en circuitos de alta corriente de forma segura y eficiente. También se conoce como transformador de instrumentos.

La función principal de un transformador de corriente es transformar una corriente de alta magnitud en un valor más bajo y proporcional, que pueda ser medido por instrumentos de medición, como amperímetros, medidores de energía o sistemas de protección.

El transformador de corriente está compuesto por un núcleo magnético y una bobina secundaria enrollada alrededor del núcleo. El conductor a través del cual fluye la corriente que se desea medir se coloca dentro del núcleo del transformador. Cuando la corriente circula por el conductor, crea un flujo magnético que induce una corriente proporcional en la bobina secundaria. La relación entre la corriente primaria y la corriente secundaria está determinada por el número de vueltas en la bobina primaria y secundaria, lo que se conoce como relación de transformación.

Características importantes de los transformadores de corriente:

1. **Aislamiento galvánico**: Permiten el aislamiento eléctrico entre el circuito primario (el circuito de alta corriente que se va a medir) y el circuito secundario (el circuito de medición), lo que garantiza la seguridad de los dispositivos y personas que interactúan con ellos.

2. **Relación de transformación**: Especifica la proporción entre la corriente primaria y la corriente secundaria. Por ejemplo, un transformador de corriente con una relación de transformación de 100:5 transformará una corriente primaria de 100 amperios en una corriente secundaria de 5 amperios.

3. **Precisión**: Los transformadores de corriente se fabrican con diferentes niveles de precisión, dependiendo de la aplicación y los requisitos del sistema de medición.

4. **Clases de precisión**: Los transformadores de corriente se clasifican en diferentes clases de precisión, como Clase 0.1, Clase 0.2, Clase 0.5, Clase 1, etc. Cada clase tiene una precisión establecida para mediciones específicas.

Los transformadores de corriente juegan un papel crucial en la medición de corriente y en la protección de equipos y sistemas eléctricos, ya que proporcionan una forma segura y confiable de obtener mediciones precisas de corriente en aplicaciones de alta potencia.

Fig. 4.7.1 Transformador de corriente
(TC) Inmerso en Aceite.

Un transformador de corriente puede tener uno o varios devanados secundarios embobinados.

Los factores que determinan la selección de los transformadores de corriente son:

- El tipo de Transformador de Corriente.

- El tipo de instalación.

- El tipo de aislamiento.

- La potencia nominal.

- La clase de precisión.

- El tipo de conexión.

- La Corriente Nominal Primaria.

- La Corriente Nominal Secundaria.

4.7 Transformadores de Corriente (cont.)

Marca de bornes
Los bornes de los transformadores de corriente utilizados para alta tensión se identifican en la placa de características.
Las marcas de bornes identifican:
a. Los devanados primario y secundario
b. Las secciones de devanado, si existen
c. Las polaridades relativas de los devanados y secciones de devanado
d. Las tomas intermedias, si existen En la Tabla 1 se encuentran indicadas las marcas de los bornes de un transformador de corriente

Tabla 1. Esquema y marcaje de bornes.

Bornes primarios	P1 ... P2	P1 ... P2
Bornes secundarios	S1 S2	S1 S2 S3
	Transformador de simple relación	Transformador con toma intermedia en el secundario

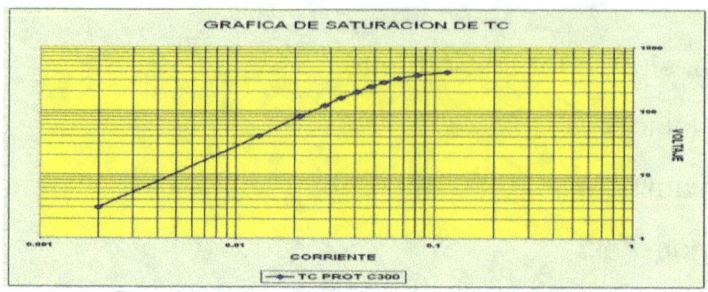

Figura 2 Curva de excitación de un transformador de corriente

La "corriente de saturación" en un transformador de corriente (CT) es una característica importante que se refiere a la máxima corriente primaria que puede fluir a través del CT antes de que el núcleo del transformador alcance el punto de saturación magnética.

La saturación magnética ocurre cuando el núcleo del CT alcanza su nivel máximo de magnetización y ya no puede aumentar el flujo magnético proporcionalmente con la corriente primaria. Cuando un transformador de corriente entra en saturación, su relación de transformación se altera significativamente, lo que puede resultar en mediciones inexactas y errores en el circuito de medición o protección.

La corriente de saturación de un transformador de corriente se especifica en las características del CT y generalmente se indica en las especificaciones del fabricante. Esta especificación es importante porque proporciona información sobre el rango de operación seguro del CT y garantiza que el transformador funcione dentro de los límites adecuados. Para evitar que un CT entre en saturación, es esencial seleccionar un CT con una corriente de saturación adecuada para la aplicación específica. Se debe considerar la corriente máxima esperada en el circuito primario para garantizar que la corriente de saturación del CT sea mayor que esa corriente máxima.

En resumen, la corriente de saturación de un transformador de corriente es la máxima corriente primaria que puede fluir a través del CT sin alcanzar la saturación magnética del núcleo. Seleccionar un CT con una corriente de saturación apropiada es fundamental para garantizar mediciones precisas y protección adecuada en el sistema eléctrico, aplica también para corrientes de falla en la subestación.

Un interruptor de potencia, también conocido como disyuntor o interruptor de circuito, es un dispositivo esencial en una subestación eléctrica que se utiliza para controlar, proteger y aislar circuitos eléctricos de alta tensión. Su función principal es abrir o cerrar el circuito eléctrico en respuesta a diversas condiciones de operación, incluyendo sobrecargas, cortocircuitos y condiciones anormales.

Características clave de los interruptores de potencia en una subestación eléctrica:

1. **Protección contra sobrecargas y cortocircuitos**: Los interruptores de potencia están diseñados para detectar y responder a corrientes anormales, como sobrecargas y cortocircuitos. Cuando se detecta una condición peligrosa, el interruptor se abre automáticamente para interrumpir el flujo de corriente y proteger el equipo y el sistema eléctrico.
2. **Capacidad de manejar altas tensiones y corrientes**: Los interruptores de potencia en subestaciones están diseñados para manejar altos niveles de tensión y corriente, lo que los hace adecuados para aplicaciones de transmisión y distribución de energía eléctrica.
3. **Interruptor de aire o interruptor de gas**: Existen diferentes tipos de interruptores de potencia, como interruptores de aire y de gas (como el SF6). Los interruptores de gas son comunes en aplicaciones de alta tensión debido a su capacidad de interrupción de corriente en sistemas con altas tensiones.
4. **Control y automatización**: Los interruptores de potencia pueden ser operados manualmente o de forma automática mediante sistemas de control y protección. La automatización permite una respuesta rápida y precisa ante condiciones anormales.
5. **Aislamiento eléctrico**: Cuando un interruptor de potencia está abierto, proporciona aislamiento eléctrico entre los circuitos conectados, lo que es esencial para el mantenimiento y las operaciones seguras en la subestación.

6. **Recuperación de servicio**: Después de que se haya solucionado el problema que provocó la apertura del interruptor, este se puede cerrar nuevamente para restaurar el flujo de corriente y restablecer el servicio eléctrico.

Los interruptores de potencia son componentes cruciales en el sistema eléctrico de una subestación, ya que garantizan la confiabilidad y la seguridad de la transmisión y distribución de energía eléctrica. Su correcto funcionamiento y mantenimiento son fundamentales para asegurar un suministro eléctrico confiable y evitar daños en el equipo y la infraestructura eléctrica.

Fig. Mecanismo de un interruptor de potencia

BOQUILLAS DE POTENCIA

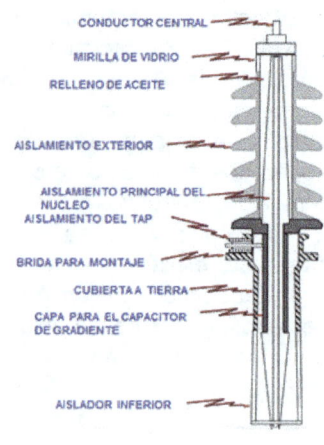

Una boquilla de transformador de potencia, también conocida como "boquilla de transformador" o "bushing" en inglés, es un componente esencial en los transformadores de potencia. Su función principal es proporcionar aislamiento eléctrico y sellar herméticamente los conductores que conectan el interior del transformador con el mundo exterior.

Características y funciones clave de las boquillas de transformador de potencia:

1. **Aislamiento eléctrico**: Las boquillas de transformador están diseñadas para proporcionar un alto nivel de aislamiento eléctrico entre el núcleo interno del transformador, que opera a altos niveles de tensión, y el ambiente exterior. Esto evita descargas eléctricas y protege a las personas y equipos cercanos.
2. **Conexión aérea**: Las boquillas se utilizan para conectar los devanados internos del transformador con líneas o cables externos que transportan la corriente de alta tensión. Permiten la conexión segura y eficiente del transformador al sistema eléctrico.
3. **Materiales aislantes**: Las boquillas están hechas de materiales aislantes, como porcelana, resina epoxi o materiales compuestos, que tienen propiedades dieléctricas excepcionales para soportar altos niveles de tensión.
4. **Sellado hermético**: Para proteger el interior del transformador de la humedad y la contaminación, las boquillas están diseñadas con un sellado hermético para evitar que entre agua o partículas externas.
5. **Clasificación de tensión**: Las boquillas se fabrican en diferentes clasificaciones de tensión para adaptarse a los requerimientos específicos de cada transformador de potencia.
6. **Tipos de boquillas**: Hay diferentes tipos de boquillas, como boquillas de paso, boquillas de conexión y boquillas de tapa, que se seleccionan según el diseño y la aplicación del transformador.

En resumen, las boquillas de transformador de potencia son componentes críticos para garantizar la operación segura y confiable de los transformadores. Proporcionan aislamiento eléctrico, conectividad y sellado hermético, lo que permite que los transformadores de potencia operen de manera eficiente y protegida en sistemas eléctricos de alta tensión.

El Factor de Potencia (FP) o Factor de Disipación (tan δ) y las capacitancias C1 y C2 de las boquillas de un transformador son parámetros eléctricos esenciales para evaluar el estado del aislamiento y la integridad dieléctrica de las boquillas. Estas mediciones son parte de las pruebas de diagnóstico y mantenimiento que se realizan en los transformadores de potencia para asegurar su confiabilidad y rendimiento.

Factor de Potencia o Factor de Disipación (tan δ): El Factor de Potencia (FP) o Factor de Disipación (tan δ) se refiere a la relación entre la resistencia (componente resistivo) y la reactancia (componente reactiva) del aislamiento del transformador.

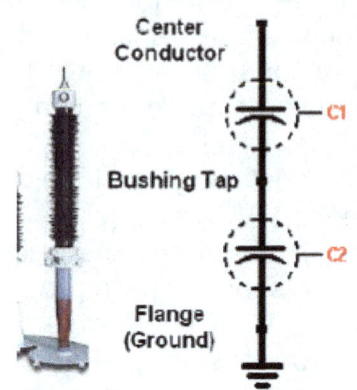

Se mide mediante la técnica de prueba de pérdida dieléctrica. Un valor bajo de FP o tan δ indica un aislamiento en buen estado, mientras que un valor alto puede ser indicativo de un deterioro del aislamiento o presencia de contaminación o humedad.

Inter

- Un FP o tan δ cercano a cero (o positivo) se considera normal para un aislamiento en buen estado.
- Un FP o tan δ significativamente mayor que cero podría indicar una contaminación o deterioro del aislamiento y requiere una mayor investigación y seguimiento.
1. **Capacitancias C1 y C2**: Las capacitancias C1 y C2 se refieren a las capacitancias entre las terminales y la tierra (C1) y entre las terminales de las boquillas (C2). Estas capacitancias se pueden medir utilizando equipos adecuados y pruebas específicas.

Interpretación:
- Un aumento significativo en las capacitancias C1 o C2 puede indicar una reducción del espesor del aislamiento o contaminación externa de las boquillas.

Es importante destacar que los valores de referencia para el Factor de Potencia (FP) o Factor de Disipación (tan δ) y las capacitancias C1 y C2 varían según el diseño y las especificaciones del transformador. Por lo tanto, es esencial consultar las recomendaciones del fabricante y las normas aplicables para evaluar adecuadamente los resultados de las pruebas y tomar decisiones de mantenimiento o reemplazo.

Las pruebas periódicas de Factor de Potencia y capacitancias en las boquillas son fundamentales para el diagnóstico temprano de problemas de aislamiento y la implementación de acciones correctivas antes de que se produzcan fallas importantes en los transformadores de potencia. Estas pruebas ayudan a prolongar la vida útil y garantizar el rendimiento seguro y confiable del transformador en la red eléctrica.

La norma aplicable para transformadores de potencia varía según el país y la región, y también puede depender de las especificaciones y estándares adoptados por el cliente o el fabricante. A continuación, mencionaré algunas de las normas más ampliamente utilizadas e reconocidas a nivel internacional:

1. **IEC 60076**: Esta es una serie de normas desarrollada por la Comisión Electrotécnica Internacional (IEC) que abarca varios aspectos relacionados con los transformadores de potencia, incluyendo requisitos generales, pruebas, métodos de medición y especificaciones de diseño. La norma IEC 60076 es ampliamente utilizada a nivel mundial y se actualiza periódicamente para reflejar los avances tecnológicos y los requisitos de la industria.
2. **ANSI/IEEE C57**: Esta serie de normas desarrollada por el Instituto de Ingenieros Eléctricos y Electrónicos (IEEE) y la Asociación Nacional de Estándares de EE. UU. (ANSI) también cubre aspectos relacionados con los transformadores de potencia, incluyendo diseño, pruebas, rendimiento y especificaciones.
3. **DIN EN 50464**: Esta norma europea especifica los requisitos y métodos de prueba para los transformadores de potencia.
4. **NBR 5356**: Norma brasileña para transformadores de potencia, que incluye requisitos generales y de pruebas.
5. **GOST 11677**: Norma rusa para transformadores de potencia, que establece los requisitos técnicos y las especificaciones para este tipo de equipos.

Estas son solo algunas de las normas más conocidas, y existen muchas otras normas nacionales y regionales que también se aplican a los transformadores de potencia en diferentes países. Además, algunos países pueden tener sus propias regulaciones y estándares específicos para la fabricación, instalación y operación de transformadores de potencia.

Es importante que los fabricantes, usuarios y operadores de transformadores de potencia estén familiarizados con las normas y regulaciones aplicables en su región para garantizar que los equipos cumplan con los requisitos de seguridad, calidad y rendimiento necesarios para su correcto funcionamiento en la red eléctrica.

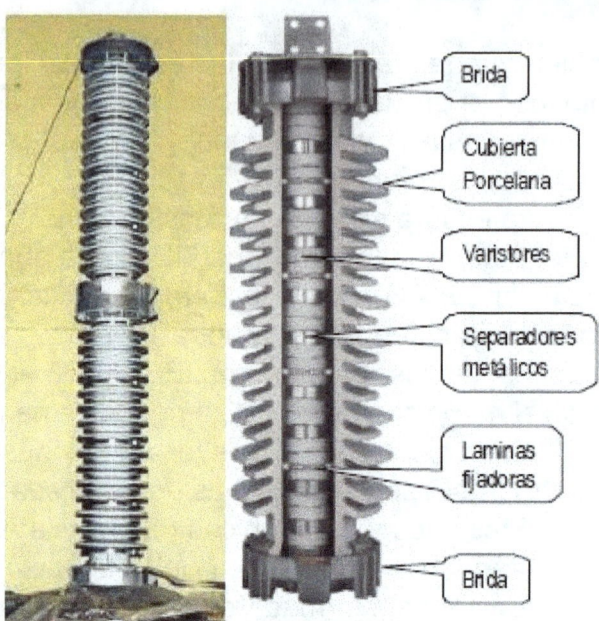

Figura 1. Apartarrayos de dos unidades bajo estudio y sus partes constitutivas

Los apartarrayos son dispositivos de protección utilizados en sistemas eléctricos para proteger equipos sensibles, como transformadores, aisladores y líneas de transmisión, contra sobretensiones transitorias causadas por descargas atmosféricas o maniobras del sistema. Estas sobretensiones podrían dañar los equipos y provocar fallas costosas o incluso el colapso del sistema eléctrico.

1. **Apartarrayos de potencia**: Los apartarrayos de potencia, también conocidos como apartarrayos de alto voltaje, son utilizados en sistemas de alta tensión, como subestaciones eléctricas y plantas de generación, donde se manejan niveles elevados de voltaje. Estos apartarrayos están diseñados para soportar altos niveles de energía y corriente, lo que les permite proteger los equipos de altas tensiones.

Los apartarrayos de potencia generalmente tienen un diseño en serie compuesto por unidades de óxido metálico, y se instalan en paralelo con el equipo que se desea proteger. Cuando se produce una sobretensión, el apartarrayos proporciona un camino de baja resistencia para que la corriente de sobretensión fluya hacia tierra, protegiendo así el equipo conectado a él.

2. **Apartarrayos de media potencia**: Los apartarrayos de media potencia, también conocidos como apartarrayos de distribución, son utilizados en sistemas de distribución de energía, donde se manejan niveles de voltaje más bajos en comparación con los sistemas de alta tensión. Estos apartarrayos están diseñados para proteger equipos y líneas de distribución de voltajes más moderados.

Los apartarrayos de media potencia generalmente tienen un diseño de varistores, que son dispositivos semiconductores con propiedades no lineales de resistencia, que les permiten tener una alta impedancia a voltajes normales y una baja impedancia ante sobretensiones. Al igual que los apartarrayos de potencia, los apartarrayos de media potencia también se instalan en paralelo con el equipo que se desea proteger y desvían la corriente de sobretensión hacia tierra para proteger los equipos conectados.

Ambos tipos de apartarrayos son esenciales para proteger los equipos y garantizar la confiabilidad del sistema eléctrico, ya sea en sistemas de alta tensión o en sistemas de distribución de energía. Su selección, ubicación e instalación adecuadas son fundamentales para una protección efectiva y un funcionamiento seguro del sistema eléctrico.

Para los apartarrayos en México, es importante seguir las normas y regulaciones establecidas por la Comisión Federal de Electricidad (CFE) y otras instituciones pertinentes. Específicamente, los apartarrayos pueden regirse por normas técnicas como la Norma Mexicana NMX-J-549/1-ANCE-2012 "Equipos de protección contra sobretensiones transitorias de frecuencia nominal 60 Hz para sistemas de potencia. Parte 1:

Apartarrayos de óxidos metálicos de corriente alterna para sistemas de potencia con tensiones nominales superiores a 1000 V", que establece las especificaciones y requisitos técnicos para los apartarrayos utilizados en sistemas de potencia en México.

Es importante que los profesionales y usuarios del sistema eléctrico en México estén familiarizados con las normas y regulaciones aplicables para asegurar el uso adecuado y seguro de los apartarrayos y otros equipos de protección en el sistema eléctrico.

PRUEBAS ELÉCTRICAS POR REALIZAR PARA UN APARTARRAYOS

Las pruebas eléctricas por realizar para un apartarrayos son fundamentales para asegurar su correcto funcionamiento y su capacidad de protección contra sobretensiones transitorias. Estas pruebas se deben llevar a cabo durante la instalación inicial y en intervalos regulares de mantenimiento para asegurar que el apartarrayos cumpla con las especificaciones y normas aplicables. A continuación, se describen algunas de las pruebas eléctricas más comunes para un apartarrayos:

1. **Prueba de resistencia de aislamiento**: Esta prueba se realiza para verificar la integridad del aislamiento del apartarrayos. Se aplica una tensión continua entre las terminales del apartarrayos y su carcasa o tierra, y se mide la resistencia de aislamiento. Un valor alto de resistencia de aislamiento indica un aislamiento en buen estado.
2. **Prueba de tensión de operación continua (TOC)**: Esta prueba se realiza para verificar la capacidad del apartarrayos para soportar su tensión nominal de operación continua. Se aplica una tensión continua al apartarrayos durante un tiempo específico, generalmente varias horas, y se verifica que no se produzcan descargas o fallos en el dispositivo.
3. **Prueba de tensión de resistencia a impulso**: Esta prueba simula las sobretensiones transitorias que podría enfrentar el apartarrayos en condiciones reales. Se aplica un impulso de tensión de alta magnitud y corta duración al apartarrayos, y se verifica que el dispositivo sea capaz de absorber la energía de la sobretensión y conducirla de manera segura a tierra.
4. **Prueba de capacidad de corriente de descarga**: Esta prueba evalúa la capacidad del apartarrayos para conducir corrientes de descarga de alta magnitud generadas por una sobretensión. Se aplica una corriente de impulso al apartarrayos y se verifica que pueda manejar la corriente sin daños o fallos.
5. **Prueba de corriente residual**: Esta prueba se realiza para medir la corriente que fluye a través del apartarrayos después de una descarga. Se aplica una descarga al apartarrayos y se mide la corriente residual que queda después de que la descarga haya terminado.

Es importante que estas pruebas sean realizadas por personal calificado y utilizando equipos de prueba adecuados. Además, se debe seguir las instrucciones del fabricante y las normas aplicables para asegurar una evaluación precisa y segura del apartarrayos. Las pruebas eléctricas son esenciales para garantizar que el apartarrayos cumpla con los estándares de seguridad y protección requeridos, lo que asegura la integridad del sistema eléctrico en el que está instalado.

RECOMENDACIONES PARA REALIZAR LA PRUEBA RESISTENCIA DE AISLAMIENTO:

La prueba de resistencia de aislamiento es una prueba eléctrica crítica que se realiza para evaluar la integridad del aislamiento en equipos eléctricos, incluyendo apartarrayos. A continuación, se presentan algunas recomendaciones importantes para realizar esta prueba de manera segura y efectiva:

1. **Desconexión del apartarrayos**: Antes de realizar la prueba, asegúrate de desconectar el apartarrayos de cualquier fuente de tensión o circuito que pueda estar conectado a él. Además, asegúrate de que no haya tensión residual almacenada en el apartarrayos.
2. **Verificación del equipo de prueba**: Asegúrate de que el equipo de prueba utilizado para la medición de resistencia de aislamiento esté en buen estado de funcionamiento y calibrado correctamente. Utiliza un megohmetro adecuado para realizar la prueba.
3. **Limpieza de las superficies**: Antes de realizar la prueba, limpia cuidadosamente las superficies de contacto del apartarrayos y los terminales con un paño limpio y seco para eliminar cualquier suciedad o humedad que pueda afectar la medición.
4. **Desconexión de las conexiones a tierra**: Asegúrate de desconectar cualquier conexión a tierra que pueda estar conectada al apartarrayos antes de realizar la prueba. La resistencia de aislamiento debe medirse entre los terminales del apartarrayos y la carcasa aislante, sin interferencias externas.
5. **Condiciones ambientales**: Realiza la prueba en condiciones ambientales adecuadas. Evita realizar la prueba en condiciones de alta humedad o lluvia, ya que esto podría afectar la precisión de la medición.
6. **Tiempo de medición**: Deja suficiente tiempo para que el megohmemetro estabilice la medición antes de registrar el valor de resistencia de aislamiento. Los tiempos de medición recomendados suelen ser de uno a cinco minutos, dependiendo del tamaño y tipo de apartarrayos.
7. **Interpretación de los resultados**: Al interpretar los resultados de la prueba, compara los valores medidos con los valores de resistencia de aislamiento recomendados por el fabricante o los estándares aplicables. Si los valores medidos están por debajo de

los valores esperados, se debe investigar y determinar la causa, que puede incluir contaminación, humedad, daños en el aislamiento, entre otros.

8. **Registros y documentación**: Registra todos los resultados de las pruebas realizadas, incluyendo la fecha, la hora, el valor de resistencia de aislamiento y cualquier otra observación relevante. Mantén un registro adecuado de las pruebas realizadas y cualquier acción correctiva tomada.

9. **Seguridad personal**: Asegúrate de seguir todas las precauciones de seguridad necesarias mientras realizas la prueba de resistencia de aislamiento. Usa equipo de protección personal adecuado, y asegúrate de trabajar en un entorno seguro, aplicar las 5 reglas de oro.

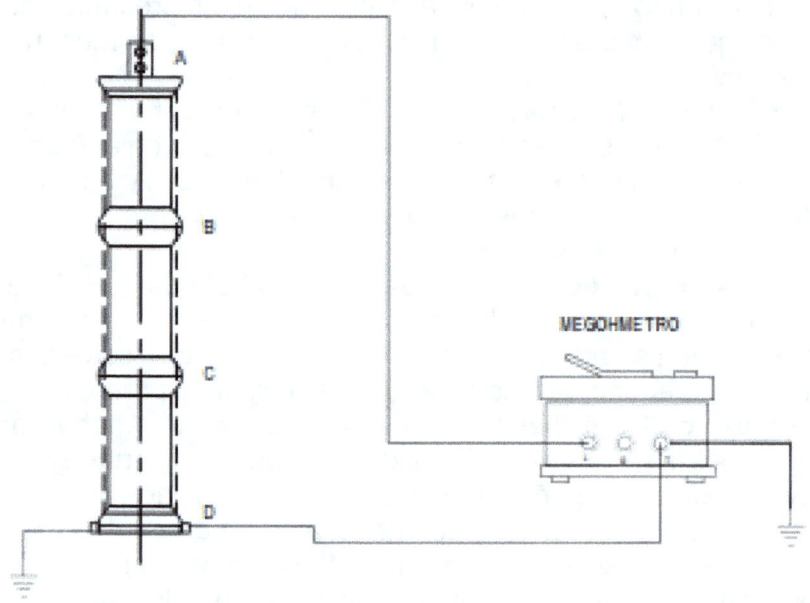

EJEMPLO: PRUEBA 1

PRUEBA	CONEXIONES DE PRUEBA			MIDE	V PRUEBA
	LINEA	GUARDA	TIERRA		
1	A	-	D	RAD	
2	A	-	B	RAB	5000 V
3	B	A	C	RBC	
4	C	B	D	RCD	

Fig. 7.2 APARTARRAYOS

**PRUEBA DE RESISTENCIA DE AISLAMIENTO
APARTARRAYOS VARIAS SECCIONES**

Siguiendo estas recomendaciones, podrás realizar la prueba de resistencia de aislamiento de manera efectiva y segura, lo que te permitirá evaluar la integridad del aislamiento del apartarrayos y asegurar su funcionamiento confiable en el sistema eléctrico.

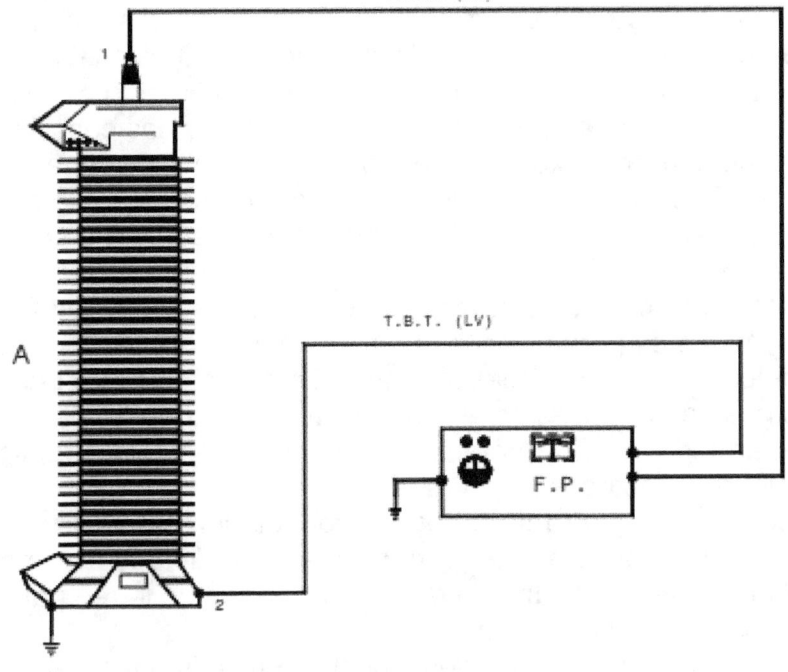

T.A.T. (HV)

T.B.T. (LV)

F.P.

A

1

2

EJEMPLO : PRUEBA 1

PRUEBA	CONEXIONES DE PRUEBA			MIDE
	T.A.T.	T.B.T.	SELECTOR	
1	1	2	GROUND	A
2	COLLAR	1	GROUND	PA

P= PORCELANA   COLLAR :2º FALDON

Fig. 7.3 APARTARRAYOS

PRUEBA DE FACTOR DE POTENCIA
APARTARRAYOS EN UNA SECCION

Las cuchillas des conectadoras, también conocidas como interruptores seccionadores o desconectadores, son dispositivos eléctricos utilizados en sistemas de transmisión y distribución de energía para abrir o cerrar circuitos eléctricos sin carga. Su función principal es permitir la conexión o desconexión de líneas, transformadores u otros equipos eléctricos de alta tensión para fines de mantenimiento, reparación o maniobras de operación.

Características y funciones clave de las cuchillas desconectadoras:

1. **Sin carga eléctrica**: Las cuchillas desconectadoras están diseñadas para operar sin carga eléctrica, lo que significa que no deben usarse para interrumpir corrientes eléctricas o cortocircuitos.
2. **Operación visible**: En la mayoría de los casos, las cuchillas desconectadoras están diseñadas para proporcionar una operación visible. Esto significa que se puede observar físicamente si la cuchilla está en posición de apertura (desconectada) o posición de cierre (conectada).
3. **Mantenimiento y seguridad**: Las cuchillas desconectadoras son fundamentales para permitir el mantenimiento seguro de equipos eléctricos. Cuando se realiza un trabajo en un equipo o una línea eléctrica, las cuchillas se abren para asegurar que no haya tensión en el área de trabajo, protegiendo así al personal y los equipos de accidentes eléctricos.
4. **Maniobras de operación**: Los desconectadores se utilizan en operaciones normales de apertura y cierre de líneas para permitir el flujo de corriente eléctrica o para aislar partes de la red para trabajos de mantenimiento.
5. **Aisladores**: Las cuchillas desconectadoras están montadas sobre aisladores para proporcionar aislamiento eléctrico entre la cuchilla y la estructura de soporte, evitando que la corriente fluya a través del sistema de soporte.

Es importante destacar que las cuchillas desconectadoras deben ser operadas por personal calificado y seguir procedimientos de seguridad establecidos. Además, es esencial cumplir con las regulaciones y normas de seguridad aplicables al utilizar estos dispositivos en el sistema eléctrico para garantizar una operación segura y confiable.

Las pruebas realizadas a las cuchillas desconectadoras son fundamentales para garantizar su correcto funcionamiento y su seguridad en el sistema eléctrico. Estas pruebas se realizan durante la instalación inicial, después de cualquier mantenimiento o reparación importante, y de forma periódica como parte de los programas de mantenimiento preventivo. A continuación, se mencionan algunas de las pruebas comunes realizadas a las cuchillas desconectadoras:

1. **Prueba de resistencia de aislamiento**: Esta prueba se realiza para verificar la integridad del aislamiento de la cuchilla y asegurarse de que no haya fugas eléctricas no deseadas. Se utiliza un megohmímetro para medir la resistencia de aislamiento entre las partes conductoras y el sistema de soporte, y se deben cumplir con los valores de resistencia especificados.

2. **Prueba de operación**: Se realiza para verificar que la cuchilla se puede operar correctamente y que cambia de posición entre la posición de apertura (desconectada) y la posición de cierre (conectada) sin problemas.

3. **Prueba de cortocircuito**: Esta prueba evalúa la capacidad de la cuchilla para interrumpir corrientes de cortocircuito. Se aplica una corriente de cortocircuito en la posición de cierre de la cuchilla y se verifica que pueda interrumpir la corriente sin dañarse.

4. **Prueba de operación bajo carga**: Esta prueba verifica la capacidad de la cuchilla para operar bajo carga. Se realiza con la cuchilla en posición de cierre y se aplican corrientes nominales para asegurarse de que pueda manejar la corriente sin sobrecalentamiento o fallas.

5. **Inspección visual y mecánica**: Se realiza una inspección visual y mecánica detallada de la cuchilla para verificar que no haya daños, corrosión o deformaciones que puedan afectar su funcionamiento. Se asegura que todos los mecanismos de bloqueo y operación funcionen correctamente.

6. **Prueba de continuidad eléctrica**: Se verifica que todas las conexiones eléctricas en la cuchilla estén firmemente apretadas y que haya una buena continuidad eléctrica entre las partes conductoras.

7. **Prueba de aislamiento a tierra**: Se mide la resistencia entre las partes conductoras y el sistema de tierra para asegurarse de que el sistema de aislamiento esté en buenas condiciones.

Es importante que estas pruebas sean realizadas por personal calificado y utilizando equipos de prueba adecuados. Además, se debe seguir las recomendaciones del fabricante y las normas aplicables para garantizar una evaluación precisa y segura de las cuchillas desconectadoras. Las pruebas periódicas son esenciales para asegurar que las cuchillas funcionen de manera confiable y segura en el sistema eléctrico.

1 Introducción

El transformador requiere menor cuidado comparado con otros equipos eléctricos. El grado de mantenimiento e inspección necesarios para su operación depende de su capacidad, de la importancia dentro del sistema eléctrico, del lugar de instalación dentro del sistema, de las condiciones climatológicas, del ambiente y en general, de las condiciones de operación.

En esta parte del manual se suministran las instrucciones de operación y mantenimiento. Nuestra intención es prestar la asistencia necesaria al personal de mantenimiento para facilitarle una inspección periódica del transformador e indicarle los pasos que se deben seguir para efectuar un examen más detallado de la parte activa en caso de que se requiera.

2 Mantenimiento e inspección de líneas y barrajes

El mantenimiento y la inspección conllevan un trabajo peligroso; de ahí que deba hacerse de antemano un programa, poniendo especial atención en la seguridad de las vidas humanas y del equipo.

Cuando se trabaja con barrajes, líneas, terminales, etc., el trabajo debe iniciarse sólo después de haber confirmado que estas partes están des energizadas, verificando para ello que los interruptores están en posición de abierto, lo cual se debe comprobar con un detector para circuitos. La omisión de estas verificaciones, pensando erróneamente que los circuitos no tienen voltaje, puede causar graves accidentes.

APLICAR LAS 5 REGAS DE ORO ANTES DE INICIAR CUALQUIER TRABAJO EN EL TRANSFORMADOR.

3 Programa de mantenimiento preventivo

Anote las lecturas de los medidores que están generalmente instalados, ya que son de mucha utilidad. Cuando las lecturas sean muy diferentes de las obtenidas en condiciones normales, es necesario realizar una cuidadosa verificación.

Además de lo anterior, se debe prestar atención a los fenómenos anormales tales como ruido, cambio de color o de olores, que pueden detectarse a través de los sentidos.

- **Temperatura del transformador.**

La temperatura del transformador está directamente relacionada con la duración de los materiales de aislamiento, por lo que es necesario prestarle atención. En el caso de transformadores construidos de acuerdo con normas ANSI, la temperatura máxima permitida para el aceite es de 90°C y la temperatura máxima del punto más caliente de 110°C.

- **Inspección del volumen de aceite.**

El volumen del aceite tiene siempre que ser verificado desde el punto de vista del aislamiento y de la refrigeración.

Cuando el nivel de aceite fluctúe notoriamente en relación con la temperatura, se debe detectar la causa para un oportuno arreglo.

- **Ruido.**

En algunos casos se puede percibir algún ruido anormal, cuando se está familiarizado con el sonido que el transformador produce durante la operación normal, lo cual puede ayudar a descubrir alguna falla. Las siguientes son las causas posibles de ruido anormal:

a) Resonancia de la caja y de los radiadores debida a cambios anormales en la frecuencia de la fuente de corriente,

b) un defecto en el mecanismo de ajuste del núcleo,

c) un defecto en la estructura central, (como desajuste en el núcleo) es posible que se encuentren flojos los tornillos de sujeción de las bridas,

d) aflojamiento de las piezas de anclaje, y

e) Ruido anormal por descarga estática, debido a partes metálicas carentes de tierra o alguna imperfección de la puesta a tierra.
Estos ruidos pueden detectarse desde fuera o acercándose a la caja, aun cuando no sean muy fuertes.

- **Aflojamiento de las piezas de fijación y de las válvulas.**
Cuando encuentre los terminales de tierra flojos, des energice el transformador y apriételos enseguida. Los tornillos de los cimientos que estén sujetos a grandes cargas deben ser apretados firmemente para evitar el desplazamiento del transformador.
En algunos casos las válvulas se aflojan debido a vibraciones, apriételas nuevamente.
- **Fugas de aceite.**
Las fugas de aceite pueden ser causadas por el deterioro de algún empaque o por mal posicionamiento; algunas tardan en descubrirse, verifique cuidadosamente las válvulas y los empaques. Si hay algún defecto que pudiera causar una fuga, proceda a realizar la programación del servicio de mantenimiento.

4 Periodicidad de las inspecciones
La tabla 1, muestra la frecuencia con la que se debe revisar el transformador.

No	Piezas a inspeccionar	Periodicidad	Observaciones
1	Termómetros	Una vez al año	
2	Accesorios con contactos de alarma y/o disparo	Una vez al año	Verifique las condiciones de operación de los contactos y mida la resistencia de aislamiento del circuito
3	Ventiladores de refrigeración	Una vez al año	Si se encuentra alguna anomalía
4	Conservador	Una vez en cinco años	
5	Resistencia de aislamiento de los devanados	Una vez al año	Cuando se note un cambio brusco después de años de uso o cuando se note un cambio en comparación con datos registrados en pruebas anteriores.
6	Medición de Tan	Una vez en tres años	Igual que el punto 5.
7	Rigidez del aceite dieléctrico.	Una vez al año	
8	Valor de acidez del aceite.	Una vez al año	
9	Prueba del funcionamiento del aceite.	Revise si se nota anormalidad en las pruebas de los ítem 5 al 8.	Tome dos litros de aceite y revíselos de acuerdo con ASTM D3487
10	Aceite de aislamiento filtrado	Revise si se nota anormalidad en las pruebas de los ítem 5 al 8.	
11	Componentes del interior	Una vez en siete años	

Tabla 1. Periodicidad de Inspecciones.
5 Normas de mantenimiento del aceite aislante

Para mantener el transformador en perfectas condiciones de operación se deben tener en cuenta los puntos anteriores, cuidando también de la operación de rutina y sin falta alguna se debe dar el tratamiento adecuado en cuanto se note algún cambio en las condiciones de servicio. Es necesario también des energizar el transformador a intervalos regulares y llevar a cabo una inspección meticulosa.

Con esta rutina y con inspecciones regulares, el grado de deterioro se podrá minimizar. Ya que un transformador está formado de muchas partes, tales como el aceite de
aislamiento, los equipos de refrigeración, etc. debe ser atendido permanentemente. El aceite además de servir como medio aislante sirve para transferir el calor generado en las bobinas y el núcleo hacia las

paredes del tanque y los radiadores. Por esto se requiere que cumpla con las siguientes características:

- Elevada rigidez dieléctrica
- Baja viscosidad
- Bien refinado y libre de materiales que puedan corroer las partes metálicas
- estar libre de humedad y componentes que se polaricen
- Tener un bajo punto de fluidez
- Que tenga poca evaporación.

Las técnicas de fabricación de los transformadores y su confiabilidad se Han mejorado a tal grado que la inspección interna es casi innecesaria; actualmente el mantenimiento se limita casi exclusivamente al mantenimiento del aceite para prevenir su deterioro:

5.1 Deterioro del aceite de aislamiento

El aceite de aislamiento se deteriora gradualmente por el uso. Las causas son la absorción de la humedad del aire y de partículas extrañas que entran en el aceite y el principal efecto es la oxidación. El aceite se oxida por el contacto con el aire y este proceso se acelera por el aumento de la temperatura del transformador y por el contacto con metales tales como el cobre, el hierro, etc.

Además de lo anterior, el aceite sufre una serie de reacciones químicas tales como la descomposición y la polimerización, que producen partículas que no se disuelven en el aceite y que se precipitan en el núcleo y bobinados. Estas partículas son llamadas sedimentos. Los sedimentos no afectan directamente la rigidez dieléctrica, pero los depósitos que se forman sobre los devanados impiden su normal refrigeración.

5.2 Prevención del deterioro del aceite

Debido a que el deterioro del aceite es causado generalmente por la oxidación, el método para prevenirlo consiste en reducir al mínimo posible su superficie de contacto con el aire. Con este propósito se usa un tanque conservador. La humedad también acelera el deterioro del aceite y para evitar esto se debe usar un respirador deshidratante. El método ideal es aquel que utiliza colchón de nitrógeno, o aquel que utiliza una membrana en la superficie del aceite para evitar que el aceite entre en contacto directo con el aire. El aceite dieléctrico se activa bajo ciertas condiciones de luz, calor y iones de metales pesados, para producir radicales libres que causan auto-oxidación. Para evitar este fenómeno se utilizan aditivos inhibidores de la oxidación.

5.3 Evaluación del deterioro del aceite dieléctrico

Los métodos para juzgar deterioro de un aceite dieléctrico son aquellos que miden el grado de oxidación, la densidad específica, la tensión superficial y la tangente. Además de la práctica común de medir la rigidez dieléctrica, es recomendable hacer un juicio sintético de todos estos métodos.

6 Mantenimiento e inspección de los Bujes, Bornes o Boquillas.

6.1 Inspección de rutina

- Excesivo calentamiento local:
  Ponga atención a la parte sujetadora de los terminales. Es conveniente pintar dicha parte con pintura indicadora de calor.
- Contaminación:
- Cuando haya mucho polvo y sal, se debe efectuar una limpieza para la cual debe detenerse el funcionamiento del transformador y usar agua, amoníaco o tetracloruro de carbono, y si están muy sucios, usar ácido hidroclórico concentrado diluido 40 o más veces en agua.
  La solución no debe tocar ninguna parte metálica; después de la limpieza las partes de porcelana deben neutralizarse con agua que contenga bicarbonato de sodio en una proporción de 30 gramos por litro. Siempre que use una solución química, asegúrese de lavar después con agua fresca, para que no quede ningún elemento extraño.
  En sistemas en los que sea difícil detener el funcionamiento para la limpieza, o en zonas donde haya muchos daños por el polvo o la sal, se está usando recientemente un método de lavado denominado "de línea caliente". Es un método para lavar los equipos sin parar su funcionamiento, y hay 2 ó 3 formas de hacerlo. En cualquier caso, debe verificarse el grado de polvo y sal, la calidad del agua para lavar y el método de impermeabilización cuando se hace la limpieza.
- Daños mecánicos:
  Verifique si existen daños o fugas de aceite en las boquillas.

6.2 Inspección regular (una vez cada dos años)

- Evaluación del deterioro del aislamiento:

Los métodos para detectar el deterioro del aislamiento son la medición de la resistencia de aislamiento y del Factor de Potencia o tangente delta.

La medición de la resistencia de aislamiento en los bujes no es sencilla, ya que el buje y los devanados del transformador deben independizarse; no obstante, la medición debe tratar de hacerse lo mejor posible.

La medición del Factor de Potencia o Tangente delta también es difícil, ya que los bujes deben separarse del transformador en la mayoría de los casos.

La evaluación del resultado de la medición no debe depender únicamente de los valores absolutos obtenidos, sino de los valores obtenidos cada año y de la variación entre ellos. Si hay grandes discrepancias en los valores, es necesario un cuidado especial
Cuando la Resistencia de aislamiento es superior a 1000 MΩ a temperaturas normales, puede considerarse como una buena condición, pero el valor del Factor de Potencia o de la tangente delta también debe tomarse al considerar la evaluación.

6.3 Inspección por excesivos calentamientos parciales

El calentamiento excesivo de los terminales se debe en la mayoría de los casos a aflojamientos; si llegara a observarse, elimine el polvo de las partes de contacto y apriete firmemente.

6.4 Inspección de daños locales (fisuras) de los bujes

La limpieza de los bujes debe hacerse según se mencionó. Si los daños son muy serios cambiar por nuevos.

6.5 Inspección de fugas de aceite

Revise las diversas piezas de los bujes para ver si hay fugas de aceite. Si el aceite se sale por el empaque, ajústelo ó cámbielo. Si son del tipo inmerso en aceite y el aceite se fuga por otra parte fuera del buje, informe al fabricante.

6.6 Almacenamiento

Guarde los bujes parados en un cuarto seco. Se recomienda guardarlos en la caja de empaque en que venían.

7 Mantenimiento e inspección del equipo de refrigeración

El equipo de refrigeración es la parte más importante en el funcionamiento diario normal de un transformador. Es necesario un cuidado especial en su mantenimiento e inspección, ya que cualquier anormalidad puede reducir la vida útil del transformador o causar defectos serios.

7.1 Radiador del tipo de auto-enfriamiento

Verifique la fuga de aceite da las cabeceras del radiador y de las partes soldadas del panel o del tubo. Si se acumulan sedimentos en las obleas o en el tubo, el flujo del aceite se dificulta y la temperatura desciende. Por esta razón verifique con la mano si estas partes tienen una temperatura adecuada. Si los radiadores son del tipo desmontable verifique que las válvulas se abran correctamente.

8 Mantenimiento e inspección de los termómetros

Es importante que se verifique la temperatura del transformador en servicio, ya que ello indica las condiciones del funcionamiento. Las condiciones internas y la normalidad del interior, por lo tanto, los indicadores que miden la temperatura deben revisarse y mantenerse en buen estado, para que indiquen correctamente la temperatura.

8.1 Termómetro tipo reloj

Este es un tipo de medidor de presión con un bulbo que contiene un líquido especial o gas sellado, y que se conecta con un tubo muy fino para mover la aguja por expansión y contracción del fluido; debe verificarse comparándolo con un termómetro normal una vez al año o más seguido.

También debe verificarse cuidadosamente que no esté corroído en el interior, que no penetre agua, que la aguja se mueva adecuadamente y que los contactos de alarma funcionen correctamente.

Si el cristal está empañado por la humedad que penetra, quite la tapa del cristal y cambie el empaque.

Después de muchos años de uso, el tubo de Bourdon se desgasta, al igual que el piñón y el soporte, por lo que pueden dar indicaciones erróneas; también las partes indicadoras móviles llegan a caerse por golpes o vibraciones. La tubería guía generalmente es de tipo doble y la unión con el medidor se separa o se rompe fácilmente. Por lo tanto es necesario un manejo cuidadoso del termómetro tipo reloj, cuando se debe quitar durante la inspección del transformador.
Debe verificarse que los contactos de alarma estén colocados adecuadamente.

9 Mantenimiento e inspección del indicador de nivel de aceite

El medidor está colocado fuera del conservador y es de construcción simple; muestra el nivel del aceite directamente, viéndolo desde el exterior. Ponga atención a una fuga de aceite por su parte visible.

Cuando el cristal esté manchado, límpielo con un trapo.
El medidor de aceite es resistente a daños y a fallas de indicación, comparado con los modelos viejos de indicadores del nivel de aceite tipo L y tipo U.

9.1 Indicador del nivel de aceite tipo reloj

En este indicador el eje giratorio tiene en un extremo un flotador que soporta un brazo conectado al indicador y, en el otro extremo un magneto para hacer girar el rotor y para permitir el movimiento hacia arriba y hacia abajo del flotador. Cuando el nivel del aceite cambia, éste acciona el brazo de soporte que hace girar el magneto en el otro extremo, y éste a su vez acciona el rotor a través de la pared de división que está colocada fuera del indicador. La aguja señala el nivel del aceite.
El indicador necesita el mismo cuidado de mantenimiento que cualquier instrumento ordinario; además como indicador con flotador metálico, requiere atención cuando hay una indicación incorrecta debida a la penetración del aceite al flotador, por vibraciones, y sobre todo cuando ha funcionado por largo tiempo.

10 Mantenimiento e inspección de los relés de protección

Los relés de protección que se mencionan a continuación necesitan inspección una vez al año:
- Relé de buchholz

Este relé está hecho para proteger al transformador inmerso en aceite contra fallas internas. Está fijado al tubo de conexión entre el tanque del transformador y el conservador.

El funcionamiento del relé se divide en una primera fase (por fallas leves) y una segunda fase (para fallas severas); la primera se usa para la alarma y la segunda para el disparo del relé.

Su estructura presenta dos flotadores; uno en la parte superior y otro en la parte inferior de una caja de acero (cámara de aceite) y están fijados de tal manera que cada flotador puede girar, siendo su centro de rotación el eje de soporte.

Cada flotador tiene un interruptor de mercurio y los contactos se cierran cuando el flotador gira. Si los materiales estructurales orgánicos del transformador se queman o producen gas causado por un arco pequeño, éste se queda en la parte superior interna de la caja. Cuando el volumen del gas sobrepasa el volumen fijo (aproximadamente 150 a 250 cc) el flotador de la primera fase baja y los contactos se cierran, haciendo funcionar el dispositivo de alarma.

El flotador inferior, que es para la segunda fase, cierra los contactos y hace funcionar el dispositivo de alarma, o dispara el interruptor del circuito cuando se origina un arco en el interior del transformador y se produce súbitamente gas y vapor de aceite, forzando el movimiento del aceite. También cuando el nivel de aceite desciende por debajo del nivel inferior del conservador, el dispositivo de alarma funciona.

A un lado de la caja del relé Buchholz hay una ventanilla de inspección que permite observar el volumen y el color del gas producido, y extraer muestras para evaluar la causa y el grado de la falla.

Al instalar el medidor, quite el resorte que se ha usado para atar el flotador o el material empacado y evitar así movimientos del flotador; limpie el interior del relé, verifique si el contacto de mercurio y los terminales conectores están en buenas condiciones; fije el relé al transformador, asegurándose de que la dirección del ajuste y el nivelado sean correctos.

Cuando el transformador está inmerso en aceite, abra la válvula de escape del gas que está en la parte superior del relé para eliminar el aire del interior del relé e iniciar el funcionamiento del transformador. Sin embargo, si la carga del aceite al vacío se hace en perfectas condiciones, la eliminación no es necesaria.

Los contactos de mercurio deben manejarse con sumo cuidado, ya que pueden romperse cuando hay vibraciones. Como rutina, examine la fuga de aceite y la producción de gas del relé. Si se encuentra gas a pesar del funcionamiento de la primera fase, tome una muestra de gas y analícela; también el nivel de aceite del conservador.

Limpie el cristal de la ventanilla de inspección, revise el interior y verifique si el flotador se mueve normalmente, con el brazo de soporte como su centro de rotación a intervalos regulares.

El relé puede funcionar equivocadamente cuando el flotador está sumergido en el aceite, cuando el eje de soporte del flotador se sale del conjunto o cuando hay una fuga de aceite.
- Relé de protección del cambiador de tomas bajo carga

Este relé protege al transformador y al cambiador de tomas bajo carga contra averías. Es por tanto parte integrante de nuestro suministro. Debe estar conectado de tal forma que su funcionamiento provoque la desconexión inmediata del transformador.

La caja moldeada en material ligero resistente a la corrosión está provista de dos bridas para el acoplamiento de las tuberías de unión, por una parte, con la cabeza del cambiador y por la otra con el conservador de aceite. Se puede controlar la posición de la palanca gracias a la mirilla situada sobre la cara delantera de la caja. En la bornera se encuentran los terminales de conexionado del interruptor. El aceite contenido en el relé de protección no debe penetrar en ella.

Se ha previsto una abertura para evitar la formación de agua condensada en la bornera.

Igualmente, allí se encuentran situados dos botones pulsadores destinados, uno a controlar el buen funcionamiento del aparato y otro a su rearme. Los bornes de conexión están protegidos por una membrana de plástico transparente. El órgano activo del relé comprende una palanca provista de un orificio y un imán permanente, el cual asegura el funcionamiento del contacto auxiliar y el mantenimiento de la palanca en posición REARME. No es posible obtener una posición intermedia.

La operación del relé de protección puede ser el indicio de una avería grave. Sin las comprobaciones indicadas, el cambiador no debe volver a ponerse en servicio en ninguna circunstancia.

Cuando el funcionamiento del relé provoque la desconexión de los disyuntores, debe procederse como sigue:
- Anotar la hora y la fecha de la desconexión.
- Anotar la posición de servicio del cambiador.
- Bloquear el mando a motor desconectando el guardamotor de modo que se evite una maniobra del cambiador causada por un control remoto.
- Controlar la estanqueidad de la tapa. Si hay una fuga de aceite cerrar inmediatamente la válvula del conservador de aceite.
- Verificar si la palanca del relé de protección se encuentra en la posición DESCONEXION o en posición REARME. Si se encuentra en ésta última es posible que se haya producido un desenganche defectuoso.

Verificar en este caso el circuito de desenganche. De no ser posible despejarlo, habrá que sacar el cuerpo insertable del cambiador para control visual. Si la palanca se encuentra en posición de DESCONEXION hay que, de todas formas, sacar el cuerpo extraíble del cambiador. Volver a poner en servicio el cambiador sin haberlo revisado visualmente, podría conducir a daños muy graves en el transformador y en el cambiador.

Adicionalmente deben chequearse los siguientes puntos:
- ¿Cuál era la carga del transformador al momento del disparo?

- ¿Fue ejecutada una maniobra del cambiador inmediatamente antes o durante el desenganche?
- ¿Funcionaron al momento del desenganche otros dispositivos de protección del transformador?
- ¿Fueron efectuadas conmutaciones en la red en el momento del desenganche?
- ¿Fueron registradas sobretensiones en el momento del desenganche?

Después de una comprobación minuciosa del cuerpo insertable, el servicio SOLO se debe reanudar si se está seguro de que no hay ningún daño ni en el cambiador de tomas ni en el transformador.

En adición a las medidas anteriores si subsisten los problemas comuníquese inmediatamente con el fabricante.

11 Mantenimiento e inspección de la válvula de sobrepresión

La válvula de alivio de sobrepresión con contactos de alarma acciona la alarma cuando funciona la aguja del interruptor. Está colocada haciendo contacto con la placa de expansión; el resorte de ajuste y los contactos del micro interruptor están en relación con el elevador que se relaciona a su vez con la aguja del interruptor.

Cuando hay un accidente, la presión interna aumenta y empuja la válvula hacia afuera, haciendo funcionar a la aguja del interruptor, la cual empuja y dobla la placa de expansión. Cuando la presión alcanza un cierto límite, la placa de expansión se rompe y la presión sale, cerrando los contactos del interruptor micro interruptor, que están en el elevador que se relaciona con la aguja del interruptor, y la alarma suena.

Verifique si no hay alguna fuga de aceite o de aire del dispositivo.

12 Mantenimiento e inspección de los respiradores de silica gel

Estos dispositivos están hechos para eliminar la humedad y el polvo que entran al transformador, con el movimiento del aire resultante de la fluctuación de la temperatura del aceite del transformador; está colocado entre el paso del aire del transformador y la atmósfera.

Fig. Silica Gel en tanque Conservador o elevado.

Está formado por un depósito con un agente deshidratante y aceite, así como de las partes metálicas para su fijación. El empaque debe verificarse para ver si está bien asegurado, de manera que no permita la entrada de aire al transformador por ningún sitio que no sea el orificio del respiradero. También verifique si el nivel de aceite del depósito no es más bajo que el nivel fijado.

Si el agente deshidratante se humedece con aceite, es porque hay demasiado aceite en el depósito, o porque hay alguna falla interna cuya causa debe detectarse. Se usa gelatina de silicio como agente deshidratante.

Generalmente está teñido de azul con cloruro de cobalto, y cuando la absorción de humedad llega a un 30 ó 40 %, el color cambia de azul a rosa; en tal caso se debe cambiar la gelatina de silicio o secarla para volver a usarla. Para regenerarla, coloque la gelatina de silicio en una cubeta o en un perol limpio y agítela mientras la calienta a una temperatura de 100 a 140 °C; continúe el calentamiento hasta que el color cambie de rosa a azul o extienda la gelatina de silicio mojada en un receptáculo, como una caja de filtro por 4 ó 5 horas, manteniendo la temperatura del secado entre 100 y 140 °C.

13 Mantenimiento e inspección de las empaquetaduras

- **Instalación de los empaques**

Cuando use un empaque siga las instrucciones del fabricante, pero en caso de que no las tenga a mano, las siguientes pueden seguirse para un caso general.

Para los empaques de la superficie de reborde del transformador común, se usa corcho ó nitrilo, si bien el corcho ya no se emplea mucho actualmente.

Para algunas uniones se usan empaques especiales de plomo, de asbesto o de anillo en O; si se señala qué tipo de empaquetadura debe usarse, siga las instrucciones.

- **Métodos para unir los empaques**

Es mejor usar el empaque sin unión, pero ésta no puede evitarse cuando el empaque es muy grande. Hay empaques redondos, cuadrados, rectangulares y ovalados, pero en cualquier caso trate de unir el empaque por una parte recta. La parte que se sobrepone debe medir más de 50 mm y debe aplicarse un adhesivo en la unión.

Cuando use elemento o un componente para sellar, asegúrese de seleccionar el material adecuado para el empaque; aplique una capa delgada y deje que se seque al aire colocando entonces el empaque.

- **Indicaciones para el trabajo**

Para quitar la corrosión, el nitrilo, el aceite o la grasa, use un cepillo de alambre, thiner y alcohol.
Ponga el adhesivo únicamente en el lado del empaque y use sólo la cantidad necesaria para fijarlo en su lugar.

Si la fuga de gas o de aceite no se detiene después de un ajuste correcto, el empaque deberá cambiarse por otro.

Un empaque con poca elasticidad, como el de plomo, debe siempre cambiarse por una nuevo. No vuelva a usar el empaque viejo.

14 Como detectar una fuga

Cuando la fuga sea abajo del nivel del aceite lave primero con thiner o alcohol la parte afectada, y al eliminarse el polvo o el cemento, el lugar de la fuga se verá claramente como una mancha (negra).
Cuando la fuga sea arriba del nivel del aceite. Cargue el gas de nitrógeno a una presión apropiada (aproximadamente 0.3 a 0.4 Kg/cm²), ponga una solución de jabón líquida en la parte sospechosa del empaque; si hay alguna fuga se formarán burbujas. Tenga cuidado en no permitir el funcionamiento del tubo de escape de la presión durante esta operación.

- **Tratamiento de las fugas del tanque**

Si la parte de la fuga en el tanque, que contiene aceite, debe repararse por soldadura, tenga cuidado de verificar si el calor de la soldadura no va a producir una mezcla explosiva de gases. (No se necesita precaución alguna en el caso de aceite no inflamable).

Si la parte de la fuga está a unos 70 mm o más por encima del nivel del aceite, y si el espesor de la pared del tanque es mayor de 6 mm., no habrá peligro de combustión, ya que el aceite enfriará el calor de la soldadura.

Si la parte de la fuga está por encima del nivel del aceite, ponga gas de nitrógeno en el interior del tanque para prevenir un incendio.

Si el espesor de la pared del tanque es menor de 4.5 mm, ponga una pieza de metal encima de la parte de la fuga y sóldela. Es mejor si no hay aceite en el lugar de la reparación.

La manera más simple de reparar un pequeño orificio de fuga es calafatearlo cuidadosamente con un cincel.

No debe taparse el pequeño orificio de la fuga con masilla o con pintura, ya que no dura mucho tiempo.

Un orificio de fuga en la caja de acero no puede repararse con soldadura o calafateándolo. La parte de la caja de acero deberá reemplazarse. Cuando no sea posible perforar un agujero en el sitio de la fuga, golpee e introduzca un tapón impregnado en goma laca u otro componente.

Si se encuentra una fuga en una pieza importante del equipo, consulte con el fabricante el método adecuado de tratamiento.

15 Fallas y contramedidas

15.1 Causas de la falla

Rastrear la causa de las fallas es la base para tomar medidas que permitan contrarrestarlas. El origen de las fallas no es simple. Generalmente es la combinación de muchos factores que pueden clasificarse de la siguiente manera:

- Imperfección en las especificaciones
  - Error en la selección del tipo de aislamiento.
  - Capacidad no apropiada.
  - Falta de atención a las condiciones en el lugar de instalación (humedad, temperatura, gases perjudiciales, etc)

- Imperfecciones en las instalaciones
  - Instalación incorrecta.
  - Capacidad y rango de protección del pararrayos incorrecto.
  - Interruptor y relé de protección incorrectos
- Imperfecciones en la operación y mantenimiento del equipo

- Partes conductoras externas flojas y calentamiento de las mismas.
- Deterioro del aceite de aislamiento
- Carga excesiva o error en la conexión de los cables.
- Equivocación en el funcionamiento, y descuido en el arreglo de los circuitos de protección.
- Inspección insuficiente de los empaques y de las válvulas.
- Mantenimiento insuficiente de los accesorios.
- Voltaje anormal
- Deterioro normal
- Desastres naturales

15.2 Tipos de fallas

Las fallas producidas por las causas mencionadas dan lugar a fallas secundarias y aún terciarias, dificultando su rastreo. Sin embargo, las condiciones de operación en el momento de la falla, los registros de inspección de los relés de protección de las diversas partes, así como el mantenimiento y la inspección regular, ayudarán a detectar la causa en muchísimas ocasiones.

Las fallas de un transformador se pueden clasificar de la siguiente manera:

15.2.1 Fallas internas del transformador: En devanados y núcleo

- Interrupción dieléctrica
- Rotura y torsión de los devanados
- Error en el contacto a tierra
- Conmutador de derivaciones abierto
- Aceite de aislamiento

15.2.2 Fallas externas del transformador: En el tanque

- Por fugas de aceite en un empaque, válvula, cordón de soldadura
- Por los bujes de los respiradores, válvula de sobrepresión, termómetros, indicador de nivel de aceite, etc
- Defectos en los ventiladores de refrigeración forzada, relé Buchholz, salida de los transformadores de corriente de los bujes, etc.

15.3 Descubrimiento de las fallas

Es innecesario decir que mientras más pronto se detecte la falla será mejor, y que para ello se requieren un mantenimiento y una inspección cuidadosa; hay normas hechas para la inspección regular y de rutina. Por medio de esta inspección se puede detectar una falla antes de que sea grave, y se puede reducir el daño en lo posible. Algunas fallas son causadas por razones más allá del control humano. Veamos:

- Fallas repentinas

La mayoría de las interrupciones dieléctricas ocurren repentinamente, especialmente la debida a un rayo o a una tensión anormal, causando una falla directa.

La corriente excesiva por un cortocircuito externo o por un golpe mecánico, también sucede repentinamente, y disturbios por sismos e incendios, pueden dañar accidentalmente el transformador.

- Fallas que se desarrollan lentamente

Las fallas repentinas se relacionan, generalmente, con factores totalmente externos o ajenos al transformador, de tal forma que está fuera de nuestro alcance el poder prevenirlos y prepararnos para enfrentarlos.

El objetivo de nuestro mantenimiento e inspección es descubrir las fallas que ocurren y que se desarrollan lentamente. Estas fallas son las siguientes:

- Deformación de los materiales de aislamiento y del bobinado, debido a golpes mecánicos causados por un cortocircuito externo. El transformador generalmente se diseña y se fabrica para resistir el calor y los golpes mecánicos. Sin embargo, si se expone a golpes mecánicos intensos y frecuentes, aún una pequeña deformación puede convertirse en una falla interna seria.

- Aislamiento del núcleo. Puede existir aislamiento deficiente entre las láminas del núcleo, entre el tornillo de sujeción del núcleo y el tubo de aislamiento, etc. El aislamiento deficiente causa un cortocircuito en el flujo magnético, produce constantemente una corriente de corto circuito en este lugar y provoca un calentamiento excesivo pudiendo desarrollar fallas serias.

- Aislamiento deficiente debido a una condición operacional dura, como carga excesiva. Según se mencionó en las instrucciones de operación, el aislamiento del transformador se deteriora por el aumento de la temperatura y este deterioro a través de los años empeora y se convierte en una falla seria cuando el transformador sufre una carga excesiva.

- Deterioro de los materiales de aislamiento, del aceite, de los bujes, etc. debido a absorción de humedad, a oxidación y a formación de una corona, etc.

- Deterioro del aislamiento de la parte externa del transformador debido al viento, la nieve, la sal y el polvo. Esto puede prevenirse con una inspección y un mantenimiento correctos.

- Falla en los accesorios, fuga de aceite, fuga de gas, etc.

15.4 Fallas internas del transformador

15.4.1 Fallas en los devanados

- Cortocircuitos

Hay cortocircuitos entre las espiras, entre las fases y entre las bobinas. La mayoría de las fallas de los cortocircuitos se deben a tensión anormal en el pararrayos, y algunas se deben al deterioro del aceite de aislamiento y a la penetración de la lluvia. También algunos cortocircuitos se deben al deterioro por calor, causado por una fuerza mecánica electromagnética o por una carga excesiva anormal. En general, los cortocircuitos internos causan deformaciones graves en las bobinas, como efecto secundario.

- Rompimiento de los terminales de los devanados

Los terminales de los devanados sufren daños por un exceso de corriente (cortocircuito externo, etc.) o por un rayo. También los accidentes de cortocircuito del sistema que se acumulan causan daños en el soporte del bobinado, por su fuerza destructora mecánica repetida, que finalmente rompe los terminales.

- Cortocircuito a tierra.

El voltaje de impulso o el deterioro del aislamiento pueden causar un cortocircuito a tierra del bobinado o de sus terminales al núcleo o al tanque.

Las fallas mencionadas se pueden detectar fácilmente mediante un diagnóstico externo o una verificación eléctrica.

15.4.2 Fallas en el núcleo

Hay fallas debidas a un aislamiento deficiente de los tornillos de afianzamiento del núcleo, o a un canal de enfriamiento de aceite obstruido, lo que causa un calentamiento excesivo del núcleo. Las fallas del núcleo se desarrollan lentamente. El aislamiento y el contacto a tierra deficientes ya mencionados, causan una corriente de cortocircuito parcial, un deterioro del aceite de los materiales de aislamiento en sus alrededores, los cuales gradualmente se convierten en fallas serias.

Una sujeción deficiente entre el núcleo y las bridas del bobinado pueden causar una vibración perjudicial.

15.5 Cómo detectar fallas internas?

Use los diferentes relés con que cuenta el transformador para detectar y protegerse de fallas accidentales. A continuación, se señala cuáles son las partes que se emplean para protegerse de fallas internas: Las que están adheridas directamente al transformador y que detectan las fallas mecánicamente: Relé Buchholz, relé de presión súbita, dispositivo de sobrepresión.
Las que están indirectamente unidas al tablero de control del transformador, y que detectan las fallas eléctricamente: relé diferencial, relé de sobre corriente, relé de tierra.

BIBLIOGRAFIA DE ESTA GUIA: ABB

www.ingramcontent.com/pod-product-compliance
Lightning Source LLC
Chambersburg PA
CBHW062246290526
45794CB00006B/2429